AF345631

LA SABIDURÍA DE PITÁGORAS

ANDRÉS GUIJARRO

www.pitagoras.guiaburros.es

Diseño de cubierta: ©Andrea Fernández Rodríguez (EDITATUM)

Maquetación de interior: © EDITATUM

Primera edición: Octubre de 2020

ISBN: 978-84-18429-11-8

Depósito legal: M-28012-2020

IMPRESO EN ESPAÑA/ PRINTED IN SPAIN

Si después de leer este libro, lo ha considerado como útil e interesante, le agradeceríamos que hiciera sobre él una **reseña honesta en Amazon** y nos enviara un e-mail a **opiniones@guiaburros.es** para poder, desde la editorial, enviarle **como regalo otro libro de nuestra colección.**

Agradecimientos

A mis padres.

A mi esposa.

A mis hijos.

Sobre el autor

 **Andrés Guijarro** nació en Madrid en 1972. Es licenciado en Filología Árabe por el Departamento de Estudios Árabes e Islámicos de la Universidad Complutense de Madrid. Es especialista en sufismo y tradiciones esotéricas del islam. Ha residido en varios países del mundo árabe-islámico y desde hace años compagina su labor de traductor con la de profesor de lengua árabe. Colabora con el músico y musicólogo Eduardo Paniagua, especialista en música arábigo-andaluza, en la traducción de los poemas que aparecen en los discos publicados por Pneuma. Es autor de las obras: *Los signos del fin de los tiempos según el islam* (Edaf, 2007); *La constitución invisible del ser humano según el sufismo*; (Los Libros del Olivo, 2013) y *Sentencias de sabiduría de los maestros sufíes* (Los Libros del Olivo, 2014); *GuíaBurros: Islam* (Editatum, 2019) y *GuíaBurros: La sabiduría del sufismo* (Editatum, 2020). Ha traducido también varias obras clásicas de la espiritualidad y la mística islámica. Entre ellas: *Textos sobre la caballería espiritual,* de Ibn Arabi (Edaf, 2005); *El libro de la extinción en la contemplación,* de Ibn Arabi (Sirio, 2007), *Destellos de la divinidad, de Fajr al-Din Iraqi* (Edaf, 2008), *El libro de la interpretación de los sueños* de Ibn Sirín (Sirio, 2008), *Los engarces de las sabidurías* de Ibn Arabi (Edaf, 2009) y el *Tratado sobre el amor* de Avicena (Tritemio, 2017). Es también responsable de una traducción de *El Corán* (Edaf, 2010).

Índice

Breve introducción al pensamiento pitagórico

Pitágoras de Samos es, junto con Platón, el padre de la filosofía. Por supuesto, hemos de entender esta palabra en su sentido original de "amor a la Sabiduría", no en el que le da la filosofía occidental moderna, esa criatura monstruosa y corrupta, nacida del humanismo profano y de la lógica cartesiana. Platón define la filosofía en su obra *Fedón* como "una preparación para la muerte". Debemos considerar la filosofía antigua esencialmente como un modo de vida, inseparable de una práctica espiritual y en perfecto acuerdo con unos mitos cosmogónicos y unos ritos sagrados. Se trata de una filosofía que no consiste simplemente en un edificio conceptual, sino en una existencia vital concreta, vivida por unos iniciados o por la totalidad de la comunidad social, considerada como un "cuerpo" político y teúrgico organizado correctamente y bien guiado, orientado hacia esos principios de "verdad" y "justicia", que en el antiguo Egipto se conocían como *maat*.

Ambos, Pitágoras y Platón, dotaron a la filosofía de las ideas esenciales que están en el origen de nuestra cultura, y sin las cuales esta no existiría. Aunque Pitágoras (ca. 580 a.C.-ca. 495 a.C.) no "inventó" la filosofía como tal, su papel de maestro espiritual que reinterpretó y sintetizó todo el conocimiento religioso y filosófico de su tiempo y de su entorno (incluyendo los misterios de Egipto y la ciencia de Babilonia, heredada de los sumerios) fue crucial para el auge de la tradición intelectual helénica y para el establecimiento de determinadas corrientes sapienciales de naturaleza más o menos esotérica. Según Isócrates, los egipcios, que eran bien conocidos por su piedad y sabiduría práctica (*eusebeia kai phronesis*), hicieron que sus almas se acostumbraran a la práctica (*askesis*) de la filosofía, como un medio para fortalecer las leyes e investigar la naturaleza del cosmos, siendo Pitágoras el primero en llevar a Grecia la sabiduría de aquellos.

Enfatizando en el aspecto sagrado del número como reflejo del Uno y sus irradiaciones, Pitágoras mantuvo la presencia de la Verdad, la Bondad y la Belleza en un cosmos ordenado jerárquicamente, afirmando que la Unidad era el principio de todas las cosas. El neoplatónico Proclo nos describe las enseñanzas pitagóricas como una doctrina inspirada, simbólica, anagógica (lit. "que lleva hacia arriba") y profética, en contraste con el punto de vista socrático, fundamentalmente racional, ético y demostrativo. Proclo pensaba que Platón había sido capaz de combinar ambos métodos.

Han llegado hasta nuestros días varios relatos, relativamente tardíos, sobre la vida y las enseñanzas de Pitágoras. Están basados en fuentes muy anteriores, y reflejan la visión universalmente aceptada en ese tiempo y parcialmente idealizada, de un héroe filosófico que no solo "estableció la ciencia" (trayéndola desde Oriente), sino que estableció también un modo de vida específico, la *bios pytagorikos*, la "vida pitagórica". Según la tradición helénica, Pitágoras restringió el uso de la palabra *sophía*, (sabiduría), únicamente a la ciencia de las realidades inmateriales consideradas como el verdadero Ser, y no a la del mundo del devenir, cuyo constante fluir imita a los arquetipos del Ser verdadero y deriva de ellos. Antes de él hubo hombres en Grecia que se llamaban a sí mismos *sophoi* (sabios), pero Pitágoras fue el primer en darse el nombre de *philosophos*, "amante de la Sabiduría", como recoge Diógenes Laercio, entre otros. Pitágoras consideraba la filosofía como una forma de purificación, un modo de vida que conducía a la asimilación con lo Divino y a la obtención de la inmortalidad.

Esta actitud espiritual se establecía sobre los cimientos de las ciencias de Oriente y de ciertas prácticas esotéricas del orfismo. Por ejemplo, Pitágoras consideraba las ciencias matemáticas como una preparación que debía llevar a cabo el alma humana para un propósito superior, actuando como un puente desde el mundo material al Intelecto divino.

La escuela de Pitágoras era una sociedad iniciática instituida en torno a las Musas y a su líder, el dios Apolo, el Intelecto solar. Siguiendo a Apolo y a Pitágoras, el miembro de la sociedad pitagórica podía llegar a ser consciente del orden divino y de la Unidad que le subyace. Pero conocer el cosmos es buscar y conocer la estructura arquetípica y divina que hay en el interior del alma, puesto que el alma, según el orfismo, es una chispa divina de Dionisos (equivalente al dios egipcio Osiris) sepultada en el cuerpo mortal que, además de su tumba, es también su "vaso de transmutación" alquímica. A través de la contemplación se percibían los principios universales, y a través de los ejercicios espirituales el alma quedaba transformada y armonizada.

No debemos olvidar que, en la antigüedad clásica, era de conocimiento común que los primeros filósofos helénicos, y muy en particular Pitágoras, habían vinculado su enseñanza a los "misterios". Existieron numerosas clases de misterios, con orígenes diversos. Aquellos en los que se inspiró Pitágoras estaban en relación con el culto de Apolo. Los "misterios" tenían un carácter reservado y secreto, no pudiendo ser expresadas mediante palabras las cosas a las que se referían, sino únicamente enseñadas por una vía silenciosa. La mentalidad moderna, incluida la "filosófica", al ignorar cualquier otro método distinto al que implica el uso de la palabra, ignora completamente la enseñanza que pudiera haber aquí. Esta enseñanza silenciosa usaba figuras, símbolos y otros medios que tenían como objetivo el conducir al hombre a estados interiores, permitiéndole llegar de un modo gradual al conocimiento real, a la Sabiduría.

También Pitágoras, en su escuela, impuso a sus alumnos la obligación del silencio ("no todo debe revelarse a todos"). Hay varios motivos para ello. Desde el punto de vista esotérico, el aprender es algo progresivo, y si alguien habla de ello de forma prematura, muy probablemente dará una impresión falsa y distorsionada de lo que ha aprendido. En cuanto a aquellos que no pertenecen a la escuela, es mejor que no sepan nada a que reciban versiones inexactas, distorsionadas o subjetivas de las enseñanzas, por parte de iniciados demasiado habladores o deseosos de divulgar las enseñanzas, con mejor o peor intención. Esa información puede ser perjudicial para el que la recibe, puesto que, sin pasar por el proceso previo, se hará ideas equivocadas acerca de temas de gran profundidad. Esto también puede generar hostilidad hacia la escuela, y de hecho esto es lo que sucedió con la de Pitágoras. En el año 460 a.C. (en el 508 a.C., según otras fuentes), la gente de Crotona atacó y quemó la casa donde vivían los miembros de la orden, asesinando a cincuenta de ellos.

Además, desde la perspectiva individual del iniciado, y usando una terminología alquímica, existe una ventaja en mantener el "recipiente sellado", sin dejar ni salir nada de él mientras la Obra de transmutación esté en proceso.

Los discípulos de Pitágoras escuchaban sus enseñanzas con una paciencia y un sometimiento que aún hoy asombra al hombre profano. Los neófitos debían escuchar al maestro desde detrás de una cortina, guardando silencio durante cinco años antes de poder hacer una sola pregunta. Aprendían matemáticas, astronomía y música antes de ser considerados *matematikoi*, miembros de pleno derecho de la escuela. Existían en esta dos clases de seguidores, con diferentes tipos de disciplinas espirituales y diferentes dietas. El círculo interno, los *matematikoi*, comían siempre en absoluto silencio, absteniéndose de todo tipo de carne y de vino. Creían que el alimentarse de carne no solo bloquearía sus capacidades proféticas durante el sueño, sino que también entumecería la consciencia psíquica, embruteciéndolos. Se les enseñaba a contemplar su espíritu mientras comían, y tenían prohibido dañar o maltratar de ninguna forma a los animales. Jámblico nos dirá que "entre otras razones, Pitágoras recomendó abstenerse de la carne de los animales, porque esto trae como consecuencia el desarrollo de una naturaleza pacífica en el hombre".

El segundo tipo de discípulos eran los *akusmatikoi*, que tenían permitido comer carne de algunos animales y beber vino, aunque había determinados días en los que tenían que abstenerse de ambas cosas. Entre los *akusmatikoi* había familias enteras, que no vivían en la escuela, y que además de escuchar las enseñanzas del maestro, practicaban ejercicios físicos como parte de las prescripciones pitagóricas asignadas.

Pero regresando a los misterios, especialmente en cuanto a los que estaban especialmente vinculados a Apolo, es necesario recordar que este era el dios del sol y de la luz, siendo esta en su sentido espiritual la fuente de donde brota todo conocimiento y de la que se derivan las ciencias y las artes. Puede que la historia personal de Pitágoras, e incluso su propio nombre posean cierta relación con los ritos de Apolo. Este dios era llamado *"pythios"*, y se dice que Pytho era el nombre original de Delfos. La sacerdotisa que recibía la inspiración del dios en el templo era llamada *"pythia"*. El nombre de "Pitágoras" (*Pythagóras* en griego) significaría entonces "guía de la *pythia*", lo cual se aplica al propio Apolo. Nos cuenta Jámblico, por quien sabemos mucho de lo poco que se sabe de la vida de Pitágoras, que se consideró a este el descendiente directo de Apolo, siendo reconocido como encarnación del mismo, a través de las marcas o estigmas corporales, por Abaris, sacerdote de Apolo hiperbóreo, quien viajó desde allí para recolectar oro con el que construir un templo al dios. Pitágoras fue enumerando una a una las cosas que se hallaban en el templo de Delfos y añadió que había venido para hacer el bien a los hombres, adoptando para ello una forma humana.

En este relato simbólico también se cuenta que Pitágoras llegó a Crotona, en la Magna Grecia, donde fue recibido por los griegos, quienes al principio le consideraron un bárbaro, por su cabello largo y por el hecho de no hablar su lengua. Cabe recordar que Pitágoras, nacido en Samos, tenía por parte materna ascendencia fenicia. Entre los crotonienses ejerció las funciones de sacerdote de Apolo.

Si bien todas las ciencias le eran atribuidas a Apolo, muy especialmente lo eran la geometría y la medicina. Como ya hemos dicho, en la escuela pitagórica, la geometría y las matemáticas ocupaban el primer lugar en la preparación al conocimiento superior, siendo empleadas como símbolos de la verdad espiritual.

Existen numerosos relatos sobre la vida de Pitágoras, recogidos por autores posteriores, en su mayoría filósofos neoplatónicos que se consideraban miembros del linaje espiritual del maestro. Son varias las ocasiones en las que aparece recogido su énfasis acerca del buen trato que se debe dar a los animales. En una ocasión detuvo a un hombre que golpeaba a un perro, porque reconoció en los aullidos lastimeros del animal la voz de un antiguo amigo suyo, cuya alma se encontraba atrapada en el cuerpo del animal. Varias personas le vieron caminar sobre las aguas[1], o en dos lugares a la vez. Podía volar milagrosamente por los aires, realizar curaciones instantáneas y hacer que las personas recordaran sus existencias anteriores. Los animales, a los que se dirigía como si fuesen humanos, le entendían y obedecían sus órdenes. Conocía las cualidades secretas de determinadas melodías y las usaba para modificar el estado mental de los hombres. Nunca se le vio llorar o reír a carcajadas; siempre permanecía en un estado de gran serenidad, y en todo momento gozaba de buena salud. Decía conocer sus existencias anteriores, y aconsejaba a todo aquel que quisiera gozar de este conocimiento que se abstuviera de comer carne. Porfirio nos describe su forma de alimentarse: algo de miel para desayunar y mijo o pan para la cena, acompañado de verduras crudas o cocidas. La mayoría de sus biógrafos nos dicen que mantuvo durante toda su vida una dieta vegetariana. Los pitagóricos consideraban que, cuanto más anodina e insubstancial fuera la comida, más

---

1   Se trata de un símbolo esotérico que, evidentemente, no es exclusivo del cristianismo, y que relaciona un significado determinado con una condición de existencia concreta. "Caminar sobre las aguas" equivale a decir "caminar sobre el desbordamiento de las formas", sobre el modo de ser de las naturalezas sujetas a transformación, compuestas por un deseo que altera continuamente la vida, privándola de cualquier estabilidad. Es siempre posible que, en determinadas circunstancias, la realización integral del significado de ese símbolo en un ser individual concreto, ya sea Jesús de Nazaret o Pitágoras de Samos, se acompañe de la realización de un poder que confiera la posibilidad efectiva de caminar sobre el agua sin hundirse, de manera que el símbolo se transforma en realidad, que es a su vez símbolo.

purificaba esta al cuerpo, y más se acercaban a los dioses. Para este fin, la malva y el asfódelo eran una parte importante de la dieta de Pitágoras y sus seguidores.

Célebre, por lo llamativa, es la prohibición pitagórica de comer habas o alubias. Varias son las interpretaciones de esta prescripción. Hay quien la relaciona con los tabúes alimentarios de los sacerdotes egipcios, que al parecer también se abstenían de ellas. Otras teorías nos hablan de que las habas son generadas por el mismo material en putrefacción que genera a los seres humanos o, según Plinio, porque en ellas moran las almas de los muertos. Otra interpretación relaciona la prohibición con el uso que en la época de Pitágoras y en épocas posteriores se le daba a esta semilla en las votaciones políticas, donde se usaba como "papeleta" de voto. Por tanto, "abstente de las habas" podría significar "abstente de la política". Podría ser. El neoplatónico Jámblico, por ejemplo, interpreta también de un modo simbólico otras prohibiciones, como las de abstenerse de los peces llamados *melanurus* y *erythinus*. Otra razón para la prohibición de las habas podría estar relacionada con la función espiritual de la planta. Al ser una planta con un tallo prácticamente desprovisto de nódulos, esto la convierte en un medio de comunicación entre el Hades y el mundo de los hombres. Un antiguo texto pitagórico dice que los tallos de las habas "sirven como soporte y escalera para las almas de los hombres cuando, llenos de vigor, regresan a la luz del día tras habitar en el Hades". Los tallos de las habas serían por tanto unos instrumentos de metempsícosis, la ruta a través de la cual se produce un intercambio entre los vivos y los muertos. La práctica de enterrar un haba en la tierra o en un montón de estiércol durante un número de días era una práctica común en los ritos de magia greco-egipcia. Pasado ese tiempo, el haba se habría transformado en una cabeza humana o en unos órganos sexuales femeninos. El "experimento" llevaba a probar que el haba generaba vida, pero también putrefacción, muerte y renacimiento. Porfirio nos dice que, si mordemos ligeramente un haba o rompemos su piel, dejándola seguidamente al sol durante unos momentos, comenzará a emanar de ella un olor a semen humano o "a sangre derramada en un asesinato". Por tanto, desde ese punto de vista, comer habas podría ser equivalente a comer carne humana. Dice un texto pitagórico tardío que "comer habas es un crimen equivalente a devorar las cabezas de tus propios padres". De algún modo que aún nos resulta misterioso, es posible que para Pitágoras y sus seguidores comer habas estuviera relacionado con ingerir carne humana, un comportamiento en las antípodas de la Edad de Oro que ellos intentaban recrear en su escuela.

La abstinencia de matar animales tenía, evidentemente, un reflejo en el culto religioso de Pitágoras. Sus sacrificios a los dioses consistían en pastelillos, miel, malva, asfódelo, mirra e incienso, y en ocasiones en figurillas de animales hechas de pan. Cuando le fueron reveladas las propiedades del triángulo rectángulo, sacrificó en el altar un buey hecho de masa para pan.

El linaje espiritual pitagórico sobrevivió en el neoplatonismo. Para Porfirio y para otros filósofos neoplatónicos, Pitágoras siempre fue considerado un miembro principal de la gran "cadena de oro" formada por los antiguos profetas, filósofos y sabios, y cuyos eslabones se remontan a la más remota antigüedad.

Los fragmentos que he seleccionado para este libro han sido recogidos por Algis Uzdavinys en su obra *The Golden Chain. An Anthology of Pythagorean and Platonic Philosophy* (World Wisdom, 2004), en cuya traducción nos hemos basado para nuestra versión.

Porfirio

Vida de Pitágoras

Los fragmentos que reproducimos aquí proceden de la *Vida de Pitágoras* de Porfirio, discípulo de Plotino. Porfirio de Tiro consideraba a Pitágoras esencialmente como un filósofo platónico *avant la lettre,* directamente vinculado con las enseñanzas divinas reveladas, preservadas por los sacerdotes egipcios. La *Vida de Pitágoras* fue en su origen parte del primer libro de una *Historia de la Filosofía* en cuatro volúmenes. Esta obra, hoy perdida, recogía toda la filosofía helénica desde Homero hasta Platón. La *Vida de Pitágoras* de Porfirio es una erudita compilación de materiales procedentes de varias fuentes. Según Porfirio, la filosofía de Pitágoras estaba basada en la sabiduría egipcia, caldea, fenicia, hebrea y persa, emergiendo en forma de una suerte de "platonismo antes de Platón", cuyo objetivo era la liberación de las ataduras del cuerpo y el conocimiento de las realidades inmateriales.

Texto

6. La mayoría afirma, en lo referente a su educación, que los conocimientos de las llamadas ciencias matemáticas los aprendió de los egipcios, caldeos y fenicios, pues desde tiempos remotos los egipcios habían destacado sobre los demás en la geometría, los fenicios en la aritmética y

el cálculo, y los caldeos en la investigación del firmamento, en los ritos divinos y en lo que respecta al culto a los dioses. En cuanto al resto de las actividades relacionadas con la vida, aseguran que fue discípulo de los magos y asimiló sus enseñanzas.

7. Y estos hechos casi la mayoría los conocen por haber quedado escritos en las *Memorias [pitagóricas]*, pero el resto de sus actividades es menos conocido, salvo si se exceptúa que Eudoxo cuenta, en el séptimo libro de su *Descripción de la Tierra*, que seguía una línea de conducta tan pura, de aversión a los sacrificios y a los que los practicaban, que no solo se abstenía de los seres animados, sino también que jamás se relacionaba con carniceros ni con cazadores. Antifonte, en su tratado *Sobre la vida de los hombres que sobresalieron en la virtud*, refiere su austeridad en Egipto, cuando expone que Pitágoras apreció el modo de vida de los sacerdotes egipcios y deseó asumirlo, por lo que pidió al tirano Polícrates que escribiera a Amasis, el rey de Egipto, amigo y huésped suyo, para participar en los métodos educativos que recibían aquellos. En consecuencia, una vez que llegó ante Amasis, recibió su instrucción junto a los sacerdotes; se relacionó con los heliopolitanos y se le envió a Menfis, como si se le destinara ante personas de mayor edad, aunque en realidad tal intención era un pretexto que aducían los heliopolitanos. De Menfis, con la misma excusa, partió junto a los diospolitanos.

8. Al no poder aducir motivos, por temor al rey y pensar que, por el tamaño de las molestias, estas lo apartarían de su proyecto, le impusieron la observancia de unas normas rígidas y extrañas a la educación griega. Pero las

ejecutó con entusiasmo, y fue objeto de tal admiración que recibió el permiso de ofrecer sacrificios a los dioses y asistir a sus prácticas, hecho del que no se tiene noticia se haya producido con otro extranjero.

9. A su regreso a Jonia, fundó la escuela denominada, incluso hoy día, el Hemiciclo de Pitágoras, en la que los sabios acudían a deliberar sobre los asuntos públicos. Fuera de la ciudad hizo una cueva apropiada a su filosofía, en la que pasaba la mayor parte del día y de la noche con unos pocos amigos. Pero al llegar a los cuarenta años [...] y observar que la tiranía de Polícrates era demasiado severa para que a un hombre libre le fuera cómodo aguantar su intromisión y dominio, realizó, en consecuencia, su partida a Italia.

11. [...] Asegura Diógenes que Pitágoras también se encaminó hacia los egipcios, árabes, caldeos y hebreos, de los que perfeccionó su conocimiento sobre los sueños. Fue el primero también que utilizó la adivinación valiéndose del incienso.

12. Se trataba, en Egipto, con los sacerdotes y aprendió su ciencia y la lengua egipcia en sus tres diferentes alfabetos, a saber, el epistolográfico, el jeroglífico y el simbólico, que emplean las palabras en un sentido propio, por imitación, y en un sentido alegórico, por una especie de enigmas. También aumentó su conocimiento sobre los dioses. En Arabia se relacionó con el rey, y en Babilonia se trató con los caldeos, y en particular acudió junto a Zárato [Zoroastro], de quien obtuvo la purificación de

las faltas de su vida pasada y la explicación de cómo los virtuosos deben mantenerse puros, y le escuchó también su concepción sobre la naturaleza y los orígenes del universo. De sus viajes, pues, por estos pueblos obtuvo Pitágoras la mayor parte de su ciencia.

17. Poniendo sus pies en Creta, entre los iniciados de Morgo, se dirigió a uno de los Dáctilos Ideos, por quienes también fue purificado con una piedra tocada por el rayo, tendido boca abajo, desde el alba, junto al mar, y por la noche, junto a un río, adornado con los mechones de un carnero negro. Y bajó a la llamada cueva del Ida con la lana negra; allí pasó tres veces los rituales nueve días y ofreció un sacrificio a Zeus. Contempló también el sitial que se le preparaba cada año y un epigrama grabó sobre su tumba con estas palabras: "Pitágoras a Zeus". Su comienzo es el siguiente:

Aquí yace, tras su muerte, Zan, a quien suelen llamar Zeus.

34. En cuanto a su régimen alimenticio, el desayuno consistía en panal de colmena o miel, y la comida principal en pan de mijo o torta de cebada y verdura hervida o cruda, pero rara vez en carne de los sacrificios rituales y tampoco de cualquier parte de la víctima. Generalmente, cada vez que decidía penetrar en las cámaras recónditas de los dioses y pasar cierto tiempo en ellas, consumía alimentos que no producían hambre ni sed. Como alimentación contra el hambre, tomaba un compuesto a base de semilla de adormidera, sésamo, corteza de cebolla lavada minuciosamente hasta hacerle desaparecer su jugo, tallos de asfódelo, hojas de malva, harina, cebada y garbanzos, componentes que,

troceados en proporciones idénticas, aderezaba con miel del Himeto. En cuanto a los alimentos contra la sed, consumía un preparado de semillas de pepinos y pasas pegajosas, a las que había despojado de sus pepitas; flor de cilantro, semillas, igualmente, de malva, verdolaga, queso rallado, flor de harina de trigo y requesón, ingredientes estos que mezclaba con miel de las islas.

35. Aseguraba que Heracles había aprendido este régimen dietético de Deméter, cuando se encaminaba al desierto de Libia Por ello su cuerpo guardaba la misma disposición, como trazado a cordel, sin encontrarse ya sano, ya enfermo, ni, por otra parte, aumentar de peso o de talla, o bien disminuir o enflaquecer; y su alma manifestaba constantemente, a través de su mirada, un talante inmutable. Porque no se expansionaba más por efecto del placer, ni por influjo de la pena se contraía, ni evidenciaba la alegría ni se dejaba dominar por el dolor, y jamás lo vio alguien reír o derramar lágrimas. Al hacer sacrificios, agradaba a los dioses porque trataba de propiciárselos con harina de cebada, galleta ritual, incienso y mirto, y mínimamente con seres animados, salvo que, ocasionalmente, lo hiciera con pollos y lechones. En una ocasión sacrificó un buey, pero de pasta, como afirman los escritores más rigurosos, cuando descubrió que el cuadrado de la hipotenusa del triángulo rectángulo era igual a la suma de los cuadrados de los catetos.

37. Cuantos temas trataba en conversaciones con sus discípulos consistían en consejos desarrollados de un modo expositivo o simbólico, pues su sistema didáctico

era doble. Y sus discípulos recibían el nombre de "matemáticos" unos y "acusmáticos" otros. Los matemáticos aprendían la argumentación en un tono elevado y desarrollada de un modo minucioso con todo rigor; los acusmáticos recibían como lecciones únicamente los principios elementales de sus escritos, sin una exposición demasiado rigurosa.

38. Les aconsejaba que, sobre la naturaleza de los dioses, de los *daimones* y de los héroes, hubiera un respetuoso elogio y tuvieran, al respecto, un pensamiento recto; para los padres y bienhechores, un talante afectuoso. Que obedecieran las leyes. Igualmente, que no adoraran a los dioses de pasada, sino que se aplicaran a ello saliendo de casa, y que hicieran sacrificios, en un número impar, a los dioses celestes, y en número par, a los ctónicos. Pues entre las potencias contrarias, llamaba a la mejor mónada, luz, derecho, igual, permanente y recto; a la peor, díada, tiniebla, izquierdo, desigual, circular y móvil.

41. Tales eran sus consejos. Pero especialmente recomendaba decir la verdad, porque solamente ello podía hacer a los hombres semejantes a la divinidad. Pues también, según se había informado de los magos, el cuerpo del dios, que aquellos llaman Horamaces [Ormuz], se parece a la luz y su alma a la verdad. Enseñaba igualmente algunos otros preceptos, que decía haber recibido de Aristoclea, [sacerdotisa] de Delfos. Hablaba también, en un tono misterioso, valiéndose de símbolos, de ciertos aspectos que Aristóteles, precisamente, ha señalado con profusión. Como por ejemplo, el llamar al mar "lágrimas", a

las Osas "manos de Rea", a la Pléyade "lira de las Musas" y a los planetas "perros de Perséfone". Y del ruido que se producía al ser golpeado el bronce, decía que era la voz de algún *daimon* encerrada en él.

46. Practicaba una filosofía cuyo objetivo era preservar y liberar de determinadas trabas y ataduras a la mente que se nos ha asignado, sin la que, en modo alguno, nada sensato ni auténtico se puede conocer ni percibir, sea cual sea el sentido que utilicemos. Porque la mente por sí misma "todo lo ve y todo lo oye; lo demás es sordo y ciego", y una vez que se encuentra purificada, hay que proporcionarle algo que le sea útil. Y esto es lo que él procuraba, en su discurrir de medios: en primer lugar, la conducía a la contemplación de los seres incorpóreos, eternos y de su misma raza, que permanecen idénticos y sin alteración, avanzando después, poco a poco, por temor a que, perturbada por un cambio repentino e imprevisto, se desanimara y se cansara en virtud de la alimentación tan nociva y duradera que había recibido.

47. Por consiguiente, a causa de las ciencias y especulaciones que tienen lugar en la frontera de los cuerpos y de los incorpóreos [en una dimensión triple en cuanto cuerpos, pero sin resistencia en cuanto incorpóreos], se ejercitó poco a poco en los seres reales, conduciendo con habilidad técnica los ojos del alma, desde los seres corpóreos que jamás se mantienen idénticos, ni siquiera en una mínima cantidad, hasta la adquisición de su alimento. Por ello, introduciéndolos en la contemplación

de las auténticas realidades, hacía felices a los hombres. Así, pues, el ejercicio de las matemáticas había sido aceptado en su sistema.

48. El estudio de los números, como asegura, entre otros, Moderato de Cádiz, que reúne en once libros, muy atinadamente, las opiniones particulares de los autores, se emprendió por la siguiente razón. Al no poder —dice— transmitir de palabra con claridad las primeras formas y los primeros principios, a causa de la dificultad de concebirlos y de expresarlos, se aplicaron a los números por la claridad de su enseñanza, imitando de ese modo a los geómetras y a los maestros de escuela. Porque como estos, en su intento por transmitir el significado de las letras y estas mismas letras, recurrieron a los caracteres del alfabeto, diciendo que estos caracteres son las letras en lo que respecta al comienzo de una enseñanza; después, sin embargo, enseñan que esos caracteres no son letras, sino que representan un concepto, a través de ellos, de las auténticas letras.

49. Y también los geómetras, al no poder representar con la palabra las formas corpóreas, se aplican al dibujo de las figuras, diciendo que un triángulo es esto, pero sin querer que ello sea lo que cae bajo la vista, sino lo que tiene determinada característica, y en base a ello, sostienen su concepción del triángulo; así también, en lo que respecta a las primeras razones y formas, los pitagóricos hicieron lo mismo: como no podían explicar por la palabra las formas incorpóreas y los primeros principios, se aplicaron a la demostración por medio de los números. Y así,

llamaron "uno" a la razón de la unidad, de la identidad, de la igualdad, y a la causa del acuerdo y simpatía del universo y de la conservación de lo que se mantiene en una identidad inmutable. En efecto, el uno, en las partes, lo es tal por encontrarse unido y de acuerdo con ellas por la participación en la causa primera.

50. En cambio, a la razón de la alteridad, de la desigualdad, de todo lo divisible que se sustenta en el cambio y en la inestabilidad, lo llamaron "biforme" y "dualidad"; porque, también en los particulares tal es la naturaleza dual. Estas concepciones no es que se den en ellos y en los demás en modo alguno; ciertamente es posible ver que otros filósofos han aceptado algunas potencias unificadoras y sustentadoras del universo, y en ellos aparecen algunos conceptos de igualdad, de disimilitud y de alteridad. Pues bien, a estas concepciones, por mor de la claridad docente, las llaman con el nombre de uno y de dualidad. Pero, por supuesto, no les importa decir biforme, desigual y disímil.

51. Y lo que es final dicen que se conforma a ese principio y en él se ordena. No pudiendo denominarlo de otra manera, se sirvieron del nombre de tríada, y al querer llevarnos a esa concepción, nos introdujeron en ella por medio de esa forma. Esa concepción se da también para los demás números.

52. Estas son, en efecto, las normas según las cuales se ordenaron los números de que hablamos. Los siguientes se mantienen en una clase y potencia, a la que

llamaron "década" [...]. Por ello, también, dicen que el diez es un número perfecto, más bien, el más perfecto de todos, porque comprende en sí toda diferencia numérica, toda clase de razonamiento y toda proporción. Porque si la naturaleza universal se circunscribe en las razones y proporciones numéricas y todo lo engendrado se regula, en su crecimiento y perfeccionamiento, de acuerdo con unas razones numéricas, y si, además, todo razonamiento, toda proporción y toda forma numérica los contiene la "década", ¿cómo no se la puede llamar número perfecto? Tal era el estudio pitagórico de los números.

Los versos áureos de Pitágoras

Existen diferentes opiniones al respecto de la autoría de los Versos Áureos, que fueron atribuidos sin ningún género de dudas al mismo Pitágoras por los filósofos neoplatónicos. La obra, en el estado en el que ha llegado hasta nuestros días, pudo haber sido compuesta por seguidores de la tradición pitagórica durante la época helenística. De hecho, el texto resalta los principios de conducta cotidiana orientados a la divinización del alma, y dichos principios (transmitidos oralmente) son los mismos que los que se llevaban a cabo en la escuela de Pitágoras y que constituían sus reglas de vida fundamentales.

Los Versos Áureos fueron usados por el neoplatónico Jámblico en la introducción de su obra sobre el pitagorismo, y por Hierocles de Alejandría, filósofo neoplatónico del s. V. d.C. quien compuso un *Comentario a los Versos Áureos*. Según Hierocles, los Versos Áureos y otros textos pitagóricos similares son exhortaciones (*parangelmata*) que contenían las reglas básicas y los puntos de partida de la filosofía. Estas órdenes y exhortaciones fueron transmitidas a los hombres para su edificación personal y su guía por almas superiores o *daimónicas*, almas que se encontraban libres de las ataduras del cuerpo y que debían ser honradas junto con los seres divinos. Los Versos Áureos contienen los principios básicos de la doctrina pitagórica, y sirven como marcas iniciales en la vía filosófica con el propósito final de obtener la transformación del alma humana en un dios (o en Dios, puesto que los dioses particulares son las máscaras de la Divinidad suprema, como se encargaron de recordarnos los neoplatónicos), a través de la práctica de la virtud y la contemplación de la Verdad. Dice Hierocles en su *Comentario*, que estos "no son la opinión personal de una persona particular, sino la doctrina de todo el sagrado cuerpo de los pitagóricos y la voz unánime de todas sus asambleas. Por esta razón, tenían una norma por la cual a cada uno de ellos, cada mañana al levantarse, y cada noche al acostarse, debían leérsele estos versos, como si se tratara del oráculo de la doctrina pitagórica, con el fin de que, con la continua meditación en estos preceptos, el espíritu y la energía contenidos en ellos resplandeciera en sus vidas".

Versos áureos

1. En primer lugar, rinde culto a los dioses inmortales, tal como lo ha establecido y ordenado la Ley.[2]

2. Después venera el juramento, y después a los héroes, bondadosos y llenos de luz.

3. Tras ellos, venera a los *daimones*[3] de la tierra, dándoles el culto que se les debe.

---

2   La expresión "según la Ley" (*nomo*) puede interpretarse, bien como una referencia a las prescripciones del culto positivo, bien a la ley ontológica que establece la jerarquía de las potencias del universo. Conforme a esta segunda acepción, rendir culto según la Ley significaría rendir culto según la dignidad específica que compete a cada principio y a cada potencia, a lo largo de la escala jerárquica que une el mundo de lo Absoluto con el de la realidad contingente y condicionada.

3   Dice Hierocles en su Comentario a los Versos Áureos: "Los *daimones* de la tierra son las almas de los hombres, embellecidas por la verdad y la virtud, pues son maestros de Sabiduría, ya que poseen el verdadero conocimiento. Son "terrestres", ya que permanecen en nuestro mundo para guiar y gobernar a los hombres. El mejor culto que se puede ofrecer a estos hombres (que son hombres y sin embargo se parecen a los héroes ilustres) es obedecer los preceptos que han dejado y nos han recomendado, y seguir sus instrucciones como leyes, proponiéndonos seguir el mismo tipo de vida que llevaron, cuya tradición han dejado por escrito. Esta tradición comunica los principios de la verdad y las reglas de la virtud, como una herencia inmortal y paterna, que han de conservar todas las sucesivas generaciones por el bien común. Obedecerlos y vivir de acuerdo con ellos es la veneración más auténtica que se les puede mostrar".

4. Honra después a tus padres y a tus parientes.[4]

5. Del resto, haz amistad con aquel que más se distinga por su virtud.

6. Presta oídos a sus amables exhortaciones y aprende de sus virtuosas y útiles acciones.

7. No te alejes de tu amigo por una ligera ofensa.

8. Soporta todo lo que puedas, pues la posibilidad linda con la necesidad.

9. Estas cosas son como te digo: acostúmbrate a controlar tus pasiones.

10. En primer lugar la gula, y después la pereza, la lujuria y la cólera.

11. No hagas nada reprochable, ni en presencia de otros ni en privado.

12. Y, por encima de todo, respétate a ti mismo.

13. Practica la justicia en tus palabras y en tus obras.

---

4   Dice Hierocles en su Comentario: "Si la Ley divina nos dirige hacia una cosa, y nuestros padres hacia otra, en esta deliberación debemos obedecer a lo mejor, desobedeciendo a nuestros padres sola y únicamente en aquellas cosas en que se apartan de las Leyes divinas".

14. Acostúmbrate a no actuar de forma irracional o desconsiderada,

15. y no olvides que la muerte les llega a todos los hombres,

16. y que los bienes, tal como se adquieren, también pueden perderse.

17. Respecto a las calamidades que pueda enviarnos el Destino,

18. soporta con paciencia tu suerte, sea esta cual sea, sin quejarte.

19. Esfuérzate en la medida que puedas para remediarla,

20. pero medita acerca del hecho de que el Destino no envía grandes desgracias a los buenos.

21. En cuanto a las muchas palabras que salen por la boca de los hombres, buenas unas y malas otras,

22. que no te turben, ni te dejes influir por ellas.

23. Si llegan a tus oídos falsedades, sopórtalo con paciencia.

24. Lo que voy a decirte ahora, obsérvalo bien siempre:

25. Nunca dejes que nadie te seduzca, ni con sus palabras ni con sus actos,

26. ni que te convenza de decir o hacer lo que no sea lo mejor para ti.

27. Piensa antes de actuar, a fin de no llevar a cabo acciones estúpidas.

28. Aquel que hable y actúe sin reflexión será un hombre desgraciado.

29. No hagas nada que luego te aflija o te obligue a arrepentirte.

30. Nunca hagas nada que no comprendas.

31. Aprende todo lo que necesites saber, y tu vida transcurrirá feliz.

32. No descuides la salud del cuerpo.

33. Dale de comer y de beber en su justa medida, así como el ejercicio que necesita.

34. Por justa medida quiero decir aquello que no te causará incomodidad.

35. Que tu manera de vivir sea ordenada y decorosa, sin lujos.

36. Evita todas las cosas que puedan provocar envidia.

37. No seas pródigo a destiempo, como aquellos que no saben lo que es correcto,

38. pero tampoco seas mezquino ni codicioso. Lo mejor es siempre la justa medida.

39. Haz únicamente las cosas que no te vayan a perjudicar, y piensa antes de hacerlas.

40. Nunca dejes que el sueño cierre tus párpados

41. sin haber examinado lo que has hecho durante ese día.

42. ¿En qué he actuado mal? ¿Qué he hecho? ¿A qué deber he faltado?

43. Revísalo todo, desde lo primero que hayas hecho hasta lo último, y si has errado, laméntate.

44. Por todo lo que hayas hecho bien, regocíjate.

45. Acostúmbrate a estas prácticas y no las abandones, antes bien ámalas de todo corazón.

46. Ellas te pondrán en el camino de la divina virtud.

47. ¡Lo juro por aquel[5] que ha transmitido a nuestras almas la sagrada Tetraktys[6], la fuente de la Eterna Naturaleza!

---

5   Según Hierocles, "lo juro por aquel" se refiere al mismo Pitágoras
.

6   Para los pitagóricos, el número sagrado y perfecto es el 10, que incluye la suma de los cuatro primeros:1+2+3+4 =10 y de las cuatro figuras geométricas (1: punto,2: línea,3: superficie,4: volumen), y que constituye la Tetraktys, representada por un triángulo, por la que juraban los miembros de las escuela.

48. Nunca comiences ningún trabajo sin haber pedido antes la bendición de los dioses.

49. Si te aferras a este hábito, conocerás la esencia de los dioses y de los hombres,

50. la verdadera naturaleza de la existencia, qué contiene a los seres y los mantiene unidos.[7]

51. Verás también cómo, según la Ley, la naturaleza es igual en todas las cosas.

52. De modo que no esperarás aquello que no debes esperar, y nada de este mundo permanecerá oculto para ti.

53. Sabrás también que los hombres crean sus propias desgracias voluntariamente y por libre elección,

54. desdichados que ni ven ni oyen el Bien, que está tan cercano.

55. Pocos saben cómo librarse de su mal.

56. Así es el Destino, que ciega a los hombres y les hace perder el juicio.

57. Como ruedas que giran de un lado a otro, oprimidos por innumerables males.

---

7   Otra versión del texto dice: "La verdadera naturaleza de la existencia, cómo todo pasa y todo retorna".

58. Siempre perseguidos por la discordia y la desunión, incapaces de reconocerlo.

59. ¡No las aumentes, oh hombre, y evítalas, huyendo de ellas!

60. ¡Padre Zeus, libéralos de tan gran sufrimiento

61. mostrándoles su *daimon*[8] interior, que es su guía!

62. Pero tú nada temas y ten confianza, pues es divina la raza humana,

63. y su sagrada Naturaleza les revelará todos los misterios ocultos.

64. En cuanto pongas en práctica lo que te ordeno, disfrutarás de sus beneficios.

65. Una vez curada tu alma, quedarás libre de todos los males.

---

8   En la religión de la antigua Grecia, el término *daimon* no hace alusión a un tipo específico de ser divino, sino a un modo peculiar de actividad: es un poder oculto que impulsa al hombre o que actúa en su contra. En tanto que el *daimon* es el rostro velado de la actividad divina, cada divinidad puede actuar como *daimon*. Para Platón, *daimon* es un ser espiritual que cuida de cada ser individual, y que es equivalente a su "Yo" superior o a una especie de ángel guía. Para los neoplatónicos, Platón era "divino", mientras que Aristóteles era "*daimonios*", es decir, "un intermediario entre el hombre y la Divinidad". Para el neoplatónico Proclo, los *daimones* eran los seres intermediarios situados entre los objetos celestiales y los habitantes terrestres.

66. Abstente de las comidas que hemos prohibido, practica las purificaciones y la liberación del alma.[9]

67. Distingue bien, y reflexiona sobre cada cosa,

68. tomando como cochero del carro de tu alma a la razón, el divino don.

69. Y cuando, tras haberte despojado de tu cuerpo mortal, vayas hacia el éter purísimo,

70. serás inmortal, un dios, y la muerte no tendrá poder sobre ti.

9 Dice Hierocles: "Las purificaciones se dividen en dos partes: una que se refiere al cuerpo físico, y otra al cuerpo luminoso. La liberación del alma se lleva a cabo mediante la Dialéctica, ciencia que es la inspección íntima de las cosas. De las dos anteriores, una purifica mediante las prescripciones alimenticias y la dirección y uso del cuerpo mortal, y la otra emplea las ciencias matemáticas, la meditación y las ceremonias religiosas. Si el hombre quiere ser libre y semejante a Dios, debe realizar las tres purificaciones. Estas se ocupan respectivamente del cuerpo, de las emociones y la mente inferior, y de la mente superior".

Sentencias pitagóricas

Las sentencias pitagóricas de Sexto y aquellas recogidas por Jámblico participan de algún modo del género "gnómico" o de literatura sapiencial tan frecuente en el Oriente Próximo y el Egipto antiguo. Sin embargo, la tradición de sentencias de sabiduría (*gnomai*) también floreció en el mundo helénico. Pero mientras que los Versos Áureos son "símbolos" (*simbola*) que nos traen el perfume de los antiguos textos esotéricos, las posteriores sentencias pitagóricas constituyen un *corpus* de dichos que recogen aspectos éticos o metafísicos de la doctrina, con una intención fundamentalmente instructiva, de consejo o exhortación, particularmente adecuada para ser transmitida en un contexto escolar. Todos mantienen un distintivo sabor pitagórico, a pesar de haber recibido en algunos casos "toques" estoicos e incluso del cristianismo primitivo.

Las sentencias de Sexto el Pitagórico fueron muy populares entre los neopitagóricos y los neoplatónicos, e incluso entre algunos primeros cristianos, como Orígenes. Se ha venido considerando que fueron compuestas en la Alejandría del s. II d.C., aunque no hay duda de que algunas gozaban ya de una venerable antigüedad en el mundo helénico antes de ser integradas en la colección que ha llegado hasta nuestros días. No hay duda de que estos aforismos constituyen la voz de una tradición neopitagórica consistente y unificada.

Las sentencias recogidas por Jámblico están contenidas en su *Protréptico,* una de las obras que nos ha llegado de un conjunto de diez libros que recibía el nombre de *synagógé (Synagógé ton Pythagoreíón dogmátón),* como si se tratara de un cuerpo de doctrina pitagórica, y que constituía una especie de programa de enseñanza pitagórica del que las dos primeras obras, la *Vida Pitagórica* y el *Protréptico* (orientación y exhortación a la filosofía en general), venían a ser una parte introductoria.

Sentencias de Sexto el Pitagórico

1. Despreciar lo mínimo no es cosa mínima en la vida.

2. Un sabio sin riquezas es semejante a Dios.

3. No busques el nombre de Dios, pues no lo encontrarás. Todo lo que tiene un nombre es nombrado por algo superior, de modo que uno llama y el otro obedece. ¿Quién, pues, le puso un nombre a Dios? "Dios" no es el nombre de Dios, sino la opinión sobre Dios.

4. Dios es un rayo sabio de luz que no admite contrario.

5. Siendo un elegido tienes en tu ser algo semejante a Dios; utiliza tu ser como templo de Dios, a causa de lo que en ti es semejante a Dios.

6. Reverencia tu vida en el mundo.

7. Te dominará lo que honres sobre todas las cosas.

8. Honra al mejor[10] para que seas regido por el mejor.

9. Si eres dominado por el mejor, tú dominarás a quien quieras.

10. La mejor honra a Dios es el conocimiento y la imitación de Él.

---

10   Es decir, a Dios.

11. Nada es semejante a Dios, pero lo que más le agrada es que se le imite en lo posible.

12. Templo santo de Dios es la mente del sabio.

13. La divinidad no necesita de nadie; el sabio, solo de Dios.

14. El que precisa como necesarias pocas cosas, imita a Dios, que nada necesita.

15. Procura ser grande ante Dios y que nadie te envidie entre los hombres.

16. Escasa es la fama del varón sabio mientras vive entre los hombres, pero a su muerte se proclama su gloria.

17. El tiempo en el que no pienses en Dios, considéralo perdido.

18. Piensa lo bueno para hacer lo bueno.

19. Una mente buena es terreno de Dios.

20. Una mente malvada es el terreno de los malos *daimones*.

21. Procura no parecer, sino ser justo, pues parecerlo impide el serlo.

22. Honra lo justo por sí mismo.

23. No pasarás desapercibido ante Dios obrando el mal; ni siquiera pensándolo.

24. Ruega que te ocurra no lo que deseas, sino lo que es preciso y conveniente.

25. Como deseas que se comporte el prójimo contigo, compórtate tú con él.

26. Si alguien te quita lo que te dieron, no te enojes.

27. Lo que Dios da, nadie puede arrebatarlo.

28. Si haces algo que no deseas que sea conocido por la divinidad, no lo hagas ni lo pienses.

29. Antes de hacer cualquier cosa, piensa en Dios.

30. El alma se ilumina pensando en Dios.

31. El uso como alimento de seres animados es indiferente, pero abstenerse de ellos es más razonable.

32. Dios no es causante de nada malo.

33. No poseas en demasía de aquello que busca el cuerpo.

34. Soporta lo necesario como necesario.

35. Pide a Dios lo que es digno de Dios.

36. Haz ley de tu vida la razón que en ti habita.

37. Pide a Dios lo que no puedes recibir de los hombres.

38. Pide a Dios que te conceda después del trabajo lo que es precedido por el trabajo.

39. Desprecia lo que no necesitarás cuando te apartes del cuerpo.

40. No pidas a Dios lo que no retendrás una vez adquirido.

41. Acostumbra a tu alma a pensar de sí misma que después de Dios es lo más grande.

42. No estimes en nada aquello que pueda arrebatarte un hombre malvado.

43. Solo considera bueno lo que es digno de Dios.

44. La ambición de poseer es el origen de la avaricia.

45. Todo lo superfluo es enemigo del hombre.

46. La mente del sabio está siempre con Dios.

47. Dios habita en la mente del sabio.

48. El deseo es insaciable, por ello es siempre indigente.

49. El sabio es siempre igual a sí mismo.

50. Es suficiente para la felicidad el conocimiento de Dios y su imitación.

51. Ama la verdad y utiliza la mentira como un veneno.

52. Cuando mandes sobre hombres, acuérdate de que eres mandado por Dios.

53. Considera que el fin de la vida es vivir según Dios.

54. Las pasiones son el comienzo de las enfermedades.

55. La maldad es la enfermedad del alma y la injusticia es la muerte del alma.

56. Pórtate con todos los hombres como benefactor común de ellos.

57. Portándote mal con los hombres, te portarás mal contigo mismo.

58. Sufre todo con tal de vivir según Dios.

59. Honrando al filósofo te honrarás a ti mismo.

60. Ten a Dios ante tus ojos en lo que haces.

61. Te ha sido dado renunciar al matrimonio para que vivas como compañero de Dios. Cásate y engendra hijos, sabiendo que son difíciles ambas cosas. Si quieres ser valiente, aunque sepas que la batalla es difícil, cásate y engendra hijos.

62. Vivir no depende de nosotros; vivir rectamente, sí.

63. No admitas la calumnia contra un filósofo.

64. Séate agradable cualquier bebida.

65. Guárdate de la embriaguez como de la locura.

66. La adquisición de lo que deseas no calmará el deseo.

67. Considera gran sabiduría aquella por la que puedas soportar la necedad de los ignorantes.

68. Hagas lo que hagas, comienza por Dios.

69. Piensa en Dios con más frecuencia que respiras.

70. De quienes desprecias alabanzas, desprecia también la crítica.

71. Invoca a Dios como testigo de lo que hagas.

72. El hombre malvado no desea que exista la providencia de Dios.

73. Considera ser hombre lo que en ti posee sabiduría.

74. Donde está tu buen pensamiento, allí está tu bien.

75. Es soberbia llevar a mal la existencia del tabernáculo del alma, pero es felicidad apartarse de él suavemente, cuando sea necesario.

76. No seas el causante de tu propia muerte, pero no te enojes con el que quiera privarte de tu cuerpo.

77. El que priva al sabio del cuerpo con su propio mal le hace un beneficio, pues lo libera como de unas ataduras.

78. El temor a la muerte entristece al hombre a causa de la impericia del alma.

79. Como sea vuestra mente, así será vuestra vida.

80. No poseerás intelecto hasta que sepas que lo tienes.

81. Piensa que tu cuerpo es el vestido del alma; consérvalo, pues, limpio.

82. Los *daimon*es impuros reclaman para sí un alma impura.

83. No comuniques a todos el discurso sobre Dios.

84. No es pequeño peligro hablar de Dios, aunque se diga la verdad.

85. Nada digas sobre Dios, sin haberlo aprendido de Dios.

86. Al ateo nada hables de Dios.

87. Las palabras verdaderas sobre Dios son palabras de Dios.

88. No pretendas hablar de Dios entre la multitud.

89. Sobre el cuerpo de un sabio también un león tiene potestad; un tirano, igualmente, sobre esto solo.

90. Si un tirano te amenaza, acuérdate entonces especialmente de quién eres.

91. No es posible conocer a Dios sin adorarlo.

92. Un hombre digno de Dios es Dios entre los hombres.

93. Si no das a los necesitados cuando puedes, nada recibirás de Dios.

94. El que cree en Dios y piensa que nada le preocupa es igual que un ateo.

95. Honra a Dios excelentemente el que asemeja su intelecto a Dios en lo posible.

96. Promete cualquier cosa antes que decir: "Soy sabio".

97. De lo que hagas bien ten por causante a Dios.

98. El filósofo no es libre por su título, sino por el alma.

99. Un buen hombre es la obra buena de Dios.

100. Si conoces para qué has nacido, te conocerás a ti mismo.

101. Lo que Dios da, nadie puede arrebatarlo; lo que da el mundo, no puede retenerse.

102. No tortures al cuerpo con tu alma, ni tortures al alma con las pasiones del cuerpo.

103. Alimenta tu alma con la palabra divina; al cuerpo, con alimentos sencillos.

104. Mirando a Dios te verás a ti mismo.

105. Venera lo que está en ti y no lo ofendas con los deseos del cuerpo.

106. La mente del sabio es espejo de Dios.

Sentencias pitagóricas extraídas del *Protréptico de Jámblico*

1. Al igual que vivimos por el alma, y que merced a su virtud vivimos bien, al igual cuando miramos con nuestros ojos, vemos perfectamente gracias al servicio que estos nos prestan.

2. Hay que considerar que la herrumbre no casa con el oro, ni la bajeza con la virtud.

3. Hay que encaminarse a la virtud como si lo hiciéramos a un santuario inviolable, a fin de que no caigamos en soberbia alguna, impropia del alma.

3. Hay que tener confianza en la virtud como si de una esposa sensata se tratase; en cambio, hay que confiar en el azar como si nos relacionáramos con una voluble amante.

4. Hay que preferir la virtud con pobreza a la riqueza acompañada de maldad, y la escasez de recursos con salud a la abundancia con enfermedad.

5. El exceso de alimento es particularmente dañino para el que se encuentra mal físicamente, y la abundancia de bienes para el que se halla mal anímicamente.

6. Tan peligroso es darle una espada a un loco como el poder a un perverso.

7. Del mismo modo que, al que supura, es mejor aplicarle fuego que dejarlo como está, para el perverso es mejor morir que vivir.

8. En la medida de lo posible, hay que disfrutar de las contemplaciones de la sabiduría, como si se tratara de ambrosía y néctar. Puro y divino, en efecto, es el deleite que de ellas se deriva; y lo divino lo puede convertir en magnánimo, y si no eternos, nos hace al menos conocedores de aquello cuya naturaleza es eterna.

9. Si es necesario desear el vigor de los sentidos, más lo es afanarse por la prudencia. Pues hay como una especie de precisión sensorial de nuestro intelecto práctico. Por medio del primero no nos engañamos en nuestras sensaciones; por la otra, no nos equivocamos en nuestros actos.

10. Adoramos a Dios de la manera debida, si preservamos nuestro intelecto de toda maldad, como si de una mancha inmunda se tratara.

11. Hay que adornar el templo con ofrendas y el alma con las ciencias.

12. Del mismo modo que antes de los Grandes Misterios hay que enseñar los Pequeños, también antes de la filosofía hay que proporcionar la disciplina.

13. El fruto de la tierra es anual, pero el de la filosofía se otorga a cada momento.

14. Así como debe cuidar de su terreno la persona que le cupo en suerte el mejor, del mismo modo hay que cuidar del alma, a fin de que produzca el fruto digno de su naturaleza.

Neoplatonismo: la vía hacia el Uno

El término "neoplatonismo" suele aplicarse a la corriente de filosofía platónica que nace con Plotino (204-270 d.C.), transmisor de un complejo sistema metafísico que gira en torno al Uno como principio último. En general, se considera que el neoplatonismo fue una prolongación del platonismo medio y de las tradiciones neopitagóricas, siendo su base una exégesis "creativa" de Platón y Aristóteles, especialmente de la filosofía que el primero transmitió en sus enseñanzas orales, al margen de sus *Diálogos*. En ese sentido, podríamos considerar al neoplatonismo como una interpretación "ampliada" del *Parménides* y el *Timeo* de Platón. En realidad, los neoplatónicos siempre se consideraron a sí mismos platónicos puros y simples, que al mismo tiempo trataban de mostrar la presencia de las mismas verdades metafísicas en otros autores, como Pitágoras, Parménides, Empédocles y Aristóteles, así como en Homero, Hesíodo, los poemas órficos, los Oráculos Caldeos[11] y

---

11   Con este nombre se conoce a una colección de oráculos filosóficos, a veces en forma de simples "sentencias" (*ta logia*), "revelados por los dioses" (*theoparodata*) a un personaje denominado Juliano el Caldeo, así como a su hijo, Juliano el Teúrgo, en el s. II d.C. La teología caldea tiene concomitancias con el pensamiento platónico, pero también se pueden hallar en ellos afinidades espirituales con la sabiduría siria, asiria y babilónica. La práctica religiosa presente en los oráculos consiste en un complejo ritual que incluye purificaciones, invocaciones, visualizaciones, objetos sagrados, instrumentos teúrgicos y fórmulas, oraciones, himnos, animaciones de estatuas y contemplaciones.

la mitología mediterránea (greco-romana, egipcia y medio-oriental). Todas estas tradiciones contenían, según ellos, elementos de una teología perenne que indicaba el camino de la salvación para los iniciados. Haciendo referencia a las doctrinas neoplatónicas, Plotino dice en sus *Enéadas*:

> *"Esta doctrina no es nueva; ha sido profesada desde los tiempos más antiguos, si bien sin haber sido desarrollada explícitamente; nosotros solo queremos ser intérpretes de los antiguos sabios, y mostrar por la evidencia de Platón mismo que ellos tenían las mismas convicciones que nosotros".*
> (Enéada V. 1.8).

Los neoplatónicos no mostraron mucho interés en la teoría política de Platón, y eligieron centrarse en determinados aspectos de la metafísica del maestro. Situaron la doctrina platónica de las Ideas y los particulares en el interior de una elaborada y compleja jerarquía en la que cada nivel de realidad no solo reflejaba e imitaba al que tenía por encima de él, sino que al mismo tiempo, permanecía como el principio trascendente, permaneciendo (*mone*) en sí mismo, procediendo (*proodos*)[12] de, y

---

12   Esta palabra, que en griego significa "procesión", es un término técnico de capital importancia en el esquema neoplatónico de mone-proodos-epistrofe ("permanencia en sí mismo-procesión-retorno"), que hace alusión al proceso de la manifestación. La Vida del *Noús*, el Intelecto, implica la multiplicación, lo ilimitado, y la potencia o el poder (dynamis), que llevan a la aparición de la próodos. Para el neoplatónico Proclo, el proceso permanencia-procesión-retorno, se aplica a cada forma, propiedad o entidad, exceptuando el Uno y la Materia Prima.

regresando (*epístrofè*)[13] a la fuente arquetípica donde todo se encuentra de un modo inseparable y atemporal, en un instante ontológico. La propia existencia y el orden de cada cosa dependen de la Unidad. La causa es siempre más perfecta y más simple que su efecto. Cada nivel de realidad manifestada es ontológicamente bueno e inmanentemente sagrado, como imagen (*eikon*)[14] del nivel que le precede, pero al ser precisamente una imagen, también debe ser contemplado como una sombra, algo de orden inferior. Las imágenes inferiores se van oscureciendo en virtud de su alejamiento del sol arquetípico, y por tanto deben ser finalmente trascendidas.

---

13   Literalmente, esta palabra griega significa "regreso, retorno". En el aludido sistema neoplatónico de manifestación en tres fases, una cosa, o mejor dicho, una entidad inteligible, surge de sí misma hacia la multiplicidad y regresa a sí misma, permaneciendo inalterable su identidad esencial propia en el nivel esencial. Los tres momentos —permanencia en sí mismo (*mone*), procesión (*proodos*) y regreso (*epístrofe*)— son fases de un proceso simple, continuo y dinámico (en ocasiones concebido como simultáneo) que produce la unidad-diversidad, causa-efecto. Se trata de una relación de naturaleza metafísica.

14   Imagen, icono. Una imagen especular como representación directa de su paradigma o arquetipo. Para Plotino y el resto de neoplatónicos, el mundo sensible o percibido por los sentidos es una imagen del mundo arquetípico, del mismo modo en que el tiempo es una imagen de la eternidad. Por tanto, las realidades inferiores pueden ser contempladas en jerarquía ascendente como imágenes o huellas de paradigmas superiores. Proclo distingue entre *eikon* y *simbolon*. Los pitagóricos, antes de revelar directamente las verdades esotéricas de su doctrina, presentaban *eikones* de su realidad.

Quizá convenga recordar aquí el esquema básico del emanacionismo plotiniano: el Uno primordial, que es el Bien absoluto y que el conocimiento racional no puede alcanzar, produce por emanación una imagen de Él mismo, la cual Lo contempla. Esta imagen —el Espíritu universal o Intelecto (*Noûs*)[15]— contiene las ideas o los arquetipos de todas las cosas. El Espíritu origina el alma (*psyché*), o más precisamente, el estado anímico o sutil, el cual produce a su vez la materia (*soma*), lo "inexistente" o el mal. Este es la negación del Bien único, al menos a su manera o desde un determinado punto de vista. En efecto, podríamos decir que el Bien supremo es el "más presente" en el plano supremo, y el "menos presente" —o el "mas ausente"— en el plano corporal. En este domina aparentemente menos, o menos directamente. Autores como Jámblico y otros seguidores de Plotino añaden a la Unidad plotiniana el Sobre-Ser, mientras que Plotino guarda silencio —sin negarla— sobre la distinción del Ser con el Absoluto más allá del Ser, habida cuenta de que se trata en ambos casos del Principio. Y si Plotino no parece considerar los arquetipos más que en un nivel de la manifestación supraformal y no en el del Ser, el

---

15   En una acepción "microcósmica", podemos traducir este término como "inteligencia, percepción inmediata, intuición, intelecto intuitivo, etc.". Platón distingue entre *noûs* y *dianoia* ("razón discursiva"). El *noûs* es independiente del cuerpo, y por tanto inmune a su destrucción. Se trata del elemento divino y unitario, la chispa de luz divina presente en cada ser humano y a través de la cual es posible el ascenso hasta el Sol divino. En un sentido "macrocósmico" *Noûs* es el Intelecto divino, el "Segundo Dios", que abarca y personifica todo el cosmos en tanto que Ser-Vida-Inteligencia, el Demiurgo del universo manifestado. Podemos compararlo con el concepto hindú de Ishvara, y con los dioses solares de ciertas mitologías, como el Ra de los egipcios.

"mundo inteligible" de Jámblico parece coincidir con el del Ser diversificado, es decir, conteniendo las Cualidades divinas de las que derivan las esencias angélicas con los arquetipos existenciales.

Convencidos de que Platón conocía todas las verdades perennes, los neoplatónicos trataron de extraer varias doctrinas metafísicas de las pistas que el maestro fue dejando en pasajes especialmente oscuros de sus *Diálogos*, en ocasiones usando ciertas concepciones extraídas de Aristóteles, los estoicos y de algunos cultos mistéricos. Según su aproximación metafísica a la realidad, la contemplación filosófica del mundo de las Ideas y la unión mística no eran dos realidades separadas. Los aspectos metafísicos, hermenéuticos (o exegéticos) y religiosos del neoplatonismo consistían en una unidad compleja basada en el análisis dialéctico, la interpretación simbólica y la "elevación" (*anagoge*)[16]. La "realización filosófica" no consistía para ellos en poner en práctica un punto de vista teórico, sino que era concebida como algo simultáneo al conocimiento; es decir, al conocimiento verdadero, no a las "teorías del conocimiento", sino a la verdadera experiencia del conocimiento, a la conciencia de la realidad.

16   Este término se traduce a menudo como "ascenso, elevación". En el contexto al que nos referimos, hace alusión al acercamiento a lo divino por medio de purificaciones (*kaharmoi*), iniciaciones (*teletai*), el diálogo platónico y la exégesis simbólica, la contemplación (*theoría*) y los inefables ritos sagrados empleados en la teúrgia. Ya aparece prefigurado por el sagrado camino de ascenso que los iniciados en los misterios deben recorrer, el camino que sube a la montaña (*oreibasia*). Podemos encontrar analogías tipológicas del ascenso neoplatónico a lo divino (o al Divino) en los Textos de las pirámides o en las narraciones del *mi'ráy* (ascensión) del profeta Muhammad en la tradición islámica.

En el pensamiento de Plotino podemos ver una identificación entre realidades metafísicas y estados de consciencia. Sus tres hipóstasis —el Uno, el Intelecto o Espíritu y el Alma— pueden entenderse, bien cosmológicamente, como realidades metacósmicas y macrocósmicas, bien como alusiones a los grados de realización del ser, como las dimensiones microcósmicas del ser humano y los niveles de ascenso hacia la realización del Uno. El concepto de un Intelecto trascendente, facultad capaz (de hecho, la única capaz) de contacto directo con lo Real (en el sentido sufí del término), es común a todas las doctrinas sapienciales y esotéricas de la humanidad, en todas las épocas y en todas las culturas.

La gran mayoría de los filósofos neoplatónicos procedían de Siria, Fenicia, Egipto y Anatolia, es decir, las áreas más ricas y civilizadas del Imperio Romano. Plotino nació en Licópolis (la actual Asyût), en el Alto Egipto. Su discípulo Porfirio (c. 232-c.305 d.C.), quien editó sus *Enéadas*, era un fenicio de Tiro. Tradujo su nombre fenicio, Malchos, al griego, pasándose a llamar Basileus, pero más adelante tomó el de Porfirio a causa de su relación con la realeza y por el simbolismo del nombre. Jámblico (c. 245-c.325 d.C.) era un sirio de origen árabe. En su nombre (*ya-mliku,* lit. "él posee"o "él reina"), la raíz del segundo elemento es la misma de la palabra "rey" (*malik*). Él remontaba su ascendencia hasta Sampsigeramos, el fundador de la línea de sacerdotes-reyes de Emesa, y a Monimos, un dios que recibía culto allí. Hierocles (finales del s. IV d.C.-primera mitad del s. V d.C.), discípulo de Plutarco (que murió en torno al 431 d.C.) y autor de un comentario de los *Versos Dorados* de Pitágoras, vivió en Alejandría, la célebre metrópolis greco-egipcia. Hermeias (s. V d.C.) también vivió en Alejandría y fue discípulo de Siriano, profesor y sucesor oficial (*diadocos*) de la Escuela Platónica de Atenas, también de origen sirio. Proclo (c. 412-485 d.C.), otro discípulo de Siriano y uno de los grandes filósofos neoplatónicos, era un licio de Xanthus, en Asia Menor, nacido en Constantinopla. Marino (s. V. d.C.), el autor de la *Vita Procli* (*Vida de Proclo*), era un samaritano de Neápolis (la actual Nablus), en Palestina. El nombre mismo de Damascio (c. 462-537 d.C.) indica su origen sirio. Damascio fue el último sucesor oficial (*diadocos*) de la Academia Platónica de Atenas antes de que fuera clausurada de forma definitiva en el año 529 d.C. (al menos como institución pública) por el edicto de Justiniano, el emperador bizantino, quien prohibió la enseñanza de la filosofía helenística.

Tras esto, Damascio y otros neoplatónicos (Simplicio entre ellos) se asentaron en Persia y Mesopotamia, con la esperanza de reabrir la Academia Platónica en Ctesifonte, la capital del Imperio persa sasánida. Tres años más tarde abandonaron la corte del *shah* Cosroes I Anushirwan y se asentaron quizá en el norte de Mesopotamia, en la ciudad de Harrán, donde Damascio estableció de nuevo la Academia y Simplicio escribió sus comentarios aristotélicos. Si las hipótesis de algunos autores son correctas, los sabeos de Harrán, que llegaron a ser contemporáneos del nacimiento del islam e influyeron en la filosofía y la ciencia de la dinastía abbasí, pudieran ser (al menos en parte) los descendientes y herederos de estos neoplatónicos y de otros intelectuales paganos refugiados, procedentes de todos los lugares del Imperio bizantino. En cualquier caso, es un hecho conocido que la Escuela de Harrán desempeñó un papel crucial en la transmisión de la teología helenística, la filosofía, la teúrgia[17] y diversas doctrinas herméticas, al mundo árabe. Los sabeos de Harrán[18], con el fin de obtener un estatus legal aceptado dentro de la sociedad musulmana como "pueblo del Libro", afirmaron que Hermes era su profeta, y los escritos a él atribuidos su escritura sagrada.

---

17   La teúrgia son los ritos concebidos como "actos divinos" (*theia erga*) o "el trabajo de los dioses" (*theon erga*). La teúrgia no consiste en una teorización meramente intelectual sobre Dios (*theologia*), sino una elevación hacia Él. El término procede posiblemente de los Oráculos Caldeos, pero la práctica de "contactar" con los dioses y ascender hacia lo divino (en la forma que aparece en los Oráculos) se remonta a las tradiciones hieráticas mesopotámicas y egipcias. La teúrgia neoplatónica se basa tanto en modelos presentes en los Oráculos Caldeos como en una interpretación de diálogos platónicos como Fedro, Timeo, el Simposio y otros. Los filósofos neoplatónicos la veían, pues, como una consecuencia natural de la filosofía platónica y de la teología pitagórica. La práctica teúrgica no contradice la dialéctica platónica: la teúrgia diviniza el alma a través de una serie de símbolos ontológicos que recogen toda la jerarquía del Ser y conducen a una unificación con ella misma y, en último término, a una unidad inefable con los dioses. La teúrgia se basa para sus expresiones rituales en las leyes de la cosmogonía, e imita el orden de los dioses. Para el neoplatónico Jámblico, se trata de una actividad que trasciende la filosofía racional y la comprensión intelectual, y que transforma al hombre en un ser divino.

18   No hay que confundir a los "sabeos de Harrán" con los verdaderos sabeos o mandeos. Estos últimos eran probablemente discípulos de Juan el Bautista, y emigraron desde las inmediaciones del río Jordán hasta Mesopotamia, donde todavía se pueden encontrar algunas comunidades.

Plotino el Egipcio —como le solían llamar sus seguidores— pensaba que la cima del alma permanecía en un nivel no afectado por ningún tipo de caída o deterioro, desde el que contemplaba al Intelecto divino eternamente, a pesar de todas las maniobras del alma inferior en el estadio del mundo material. Plotino y su discípulo Porfirio consideraba que las virtudes intelectuales eran las superiores. En tanto que la corona de la virtud consistía en perder todas las cualidades humanas y adquirir las divinas, alcanzando el nivel de la unidad, la simplicidad y la perfección, consideraban que la filosofía era el mejor medio para aproximarse al mundo divino. Neoplatónicos posteriores, como Jámblico, no estuvieron completamente de acuerdo con esto. De hecho, los neoplatónicos posteriores consideraron que Jámblico era, en este aspecto, una autoridad superior a Plotino.

Para Jámblico, el conocimiento no era suficiente para lograr la unión con los dioses; este era un objetivo únicamente alcanzable por medio de la teúrgia —imposible de transmitir de forma racional— y a través de la asistencia de los mismos dioses. En tanto que los ritos religiosos parecían ser más efectivos para este propósito, Jámblico separó claramente la exposición filosófica racional de la liturgia de ascensión de la teúrgia. Como buen pitagórico, otorgó a las matemáticas un papel central en las formas superiores de culto, haciendo hincapié en el hecho de que los misterios teúrgicos eran de naturaleza solar: el ascenso al "Fuego del *Noûs* y al supremo Sol". Los teurgistas, los verdaderos "atletas del Fuego", se diferenciaban de los filósofos convencionales en su dependencia de las "operaciones perfectas realizadas por medio de actos inexpresables, correctamente llevados a cabo, actos que están más allá de la comprensión racional, así como en el poder del símbolos impronunciables, inteligibles únicamente para los dioses".

Plotino el Egipcio

"Muchas veces me despierto escapándome de mi cuerpo. Extraño a toda otra cosa, en la intimidad de mí mismo, veo una belleza maravillosa. Yo estoy convencido, sobre todo entonces, de que tengo un destino superior; mi actividad es el grado más alto de la vida; yo estoy unido al ser divino, y me fijo en él por encima de los demás seres inteligibles".

Enéada. IV, 8, I

Se suele considerar a Plotino el fundador del neoplatonismo. En realidad, este término fue inventado por los estudiosos europeos del s. XVIII, deseosos de diferenciar el "platonismo de Platón" de la tradición inaugurada por Plotino y desarrollada, de forma algo diferente, por Porfirio, Jámblico, Proclo y Damascio. Pero como suele ocurrir a menudo, esta línea de demarcación entre los llamados "platónicos medios", neopitagóricos y neoplatónicos, es de hecho bastante arbitraria y muy poco clara. Lo que sí es bastante probable es que la estructura interna del hermetismo, el neopitagorismo y el neoplatonismo tenga algunos paralelos egipcios ocultos, cuya pista puede rastrearse como mínimo hasta los sistemas teológicos de la 18ª dinastía (1551-1292 a.C.), y quizá hasta aquellos contemporáneos de la construcción de las pirámides.

Plotino, "un hombre en quien Platón vivía", se vio a sí mismo siempre como un humilde intérprete de Platón, aunque es patente su desdén por algunos de los temas tratados por el maestro, tales como la política o las matemáticas. Por esta razón, ignoró los primeros diálogos socráticos de Platón, profundizando en cambio en los sistemas metafísicos, que trataban de la contemplación, el ascenso dialéctico al cosmos del *Noûs* y la unión mística con el principio último.

Plotino nació en Licópolis (el actual Asyût) en el Alto Egipto. No está claro si perteneció a una familia griega o a una egipcia helenizada, pero en cualquier caso su educación y su cultura fueron fundamentalmente helénicas. Cuando cumplió veintiocho años de edad, Plotino comenzó a estudiar filosofía en Alejandría. Allí pasó once años en compañía de un misterioso maestro llamado Ammonio, que tenía el sobrenombre de "Saccas", es decir, "el que acarrea sacos". Ammonio, un sabio *"theodidaktos"* —es decir, instruido directamente por Dios—, no escribió nada en toda su vida, y nuestro conocimiento de lo que realmente enseñaba no está claro.

En el año 243 d.C., Plotino acompañó la expedición del emperador Gordiano contra los persas, con la esperanza de entablar contacto con los sabios de Persia y la India. Tras el fracaso de esta campaña en Mesopotamia, Plotino marchó a Roma, donde fundó una escuela de filosofía, en un principio transmitiendo sus enseñanza solo oralmente, hasta que en el año 253 d.C. comenzó a escribir. A sus lecciones asistían incluso el emperador Galieno y su mujer. Plotino era un hombre austero, amable, sabio y elocuente, cualidades que le granjearon enorme estima en Roma. Muchos romanos acudían a él como director de conciencia. Propuso al emperador la fundación de una ciudad de filósofos, calcada sobre las ideas de la República de Platón, y que debería llamarse Platonópolis ("la ciudad de Platón"), pero la idea nunca se llevó a cabo.

Plotino compartía con Platón la convicción de que las realidades metafísicas o divinas no pueden ser expresadas en términos humanos. No es de extrañar, por tanto, que la colección de sus tratados, a los que su discípulo Porfirio —que pasó seis años con el maestro, desde 263 hasta 268 d.C.— dio el nombre de *Enéadas*, se caractericen por una falta de estructura clara y una ausencia de división ordenada de su argumento. Además, Plotino manejaba de una forma bastante libre las reglas de la gramática griega, lo que supone una dificultad añadida a la hora de abordar sus obras.

Las obras de Plotino fueron editadas por Porfirio en la primera década del siglo IV, poco antes de la muerte de su editor, que tuvo lugar en torno al 305 d.C. Porfirio dividió los tratados del maestro en seis grupos de nueve (*enéadas*), según la ciencia mística de los números practicada por los pitagóricos y los sacerdotes egipcios. El orden sistemático de los tratados trata de reflejar la progresión o ascenso desde el dominio sensible, mortal, al cosmos inteligible, inmortal, y al Uno.

Dijo Porfirio de su maestro, en la biografía que escribió de él:

"Plotino tenía el aspecto de quien se siente avergonzado de estar en el cuerpo. No soportaba, pues, hablar ni de su raza, ni de sus padres, ni de su patria; y hasta tal punto tenía por indigno aguantar a pintor o escultor que, pidiéndole Amelio permiso para que se le hiciera un retrato, le respondió: "¿Es que no basta con sobrellevar la imagen con que la naturaleza nos tiene envueltos, sino que pretendes que encima yo mismo acceda a legar una más duradera imagen de una imagen, como si fuera una obra digna de contemplación?".

Enéada III.4.6

¿Quién es entonces el sabio? El que actúa por medio de la parte más elevada de su alma. No sería verdaderamente un sabio si el *daimon*[19] trabajase en colaboración con él. Es, pues, su Principio Intelectivo (el aspecto más divino del alma humana) el que actúa. De ahí que el sabio actúe según un *daimon* que, para él, es la Divinidad[20]. Porque, ¿podría haber un *daimon* por encima del Intelecto? Sin duda, ya que la realidad que está por encima del Intelecto es para él un *daimon*. ¿Por qué, sin embargo, no dispone el sabio desde un principio de la sabiduría? Atribuyámoslo

19   Ver nota 3

.

20   Hay una historia contada por el propio Plotino que viene a ilustrar esto. Unos colegas lo invitaron a realizar una invocación a su *daimon* personal. Aunque él no estaba de acuerdo con este tipo de prácticas teúrgicas, accedió. Sin embargo, los invocadores se quedaron de piedra cuando apareció el *daimon*, y este resultó ser un dios. Según Jámblico, desde el nacimiento tenemos asignado un *daimon* que gobierna y dirige nuestras vidas, pero es tarea nuestra obtener un dios en su lugar.

a la confusión propia del nacimiento. No obstante, aun antes de ejercitar su razón, ya desarrolla un movimiento interno que tiende a lo que es propio de su naturaleza. Así pues, ¿le dirige su *daimon* completamente? No le dirige completamente si el alma tiene una constitución tal que, en esas circunstancias y con su manera de ser, disponga también de tal vida y de tal voluntad.

Dice (Platón en *Fedón*) que este *daimon* de que hablamos no permanece el mismo, tras haber conducido el alma al Hades, si el alma no escoge de nuevo las mismas cosas. Pero, ¿y cómo es antes de la nueva elección? Conducir las almas a juicio es, para el *daimon*, recobrar después de la vida la misma forma que tenía antes del nacimiento; y así, como si se tratase de un nuevo período, permanece con las almas que son castigadas hasta tanto se produzca su segundo nacimiento. Pero no es una vida lo que cuenta para ellas sino el castigo que han merecido.

¿Qué diremos de las almas que penetran en los cuerpos de las bestias? ¿Tienen un *daimon* o algo inferior a un *daimon*? Sin duda, tienen también un *daimon*, pero un *daimon* malvado o necio. ¿Y en cuanto a las almas de lo alto? Unas caen en el mundo sensible, y otras fuera de él. Las almas que se encuentran en el mundo sensible están en el sol, en alguno de los planetas o en el cielo de las estrellas fijas, cada una de ellas a tenor del ejercicio de su razón en este mundo[21].

---

21   En el *Timeo*, Platón dice que el Demiurgo asigna a cada una de las almas, antes de nacer, una estrella o un arquetipo, al que pueden ascender de nuevo a través de la práctica de la filosofía. La imaginería recuerda los Textos de las Pirámides, compuestos al menos dos mil años antes de Platón.

Porque conviene saber que no solo hay en nuestra alma un mundo inteligible, sino también una disposición semejante a la del Alma del Mundo; y esta se distribuye por el cielo de las estrellas fijas y de los planetas de acuerdo con la diversidad de sus potencias, pues las potencias que se dan en nosotros son de la misma especie que las del Alma Universal. De cada una de ellas se origina una actividad diferente. y así, al separarse del cuerpo, cada alma ha de dirigirse hacia el astro que concuerda con su acción y con su vida. Entonces esa alma hace uso como dios o *daimon*, bien de este mismo astro, bien de otro astro que tenga una potencia más elevada. De todo lo cual haremos un examen más detenido.

En cuanto a las almas del mundo sensible que se hallan por encima de la naturaleza daimónica, han remontado ya, en tanto se encuentran en este mundo, todo el destino producto del nacimiento y el orden total de lo que vemos. Llevan con ellas la esencia que desea la vida terrenal, a la cual se califica rectamente de "esencia divisible en los cuerpos", tanto por multiplicarse como por dividirse con ellos. Pero no se divide en masas de gran volumen, sino que es la misma en todas las partes de los cuerpos, en los que está toda entera y una. Cuando un animal origina otros muchos, se divide como decimos, igual que ocurre con las plantas, porque es evidente que esta esencia se divide en los cuerpos. Unas veces el alma una origina esas vidas sin dejar para nada el cuerpo: tal es el caso de las plantas. Otras veces las produce tras haber dejado el cuerpo, aunque en este caso mejor será decir antes de partir: eso sucede con los esquejes de las plantas o con los animales ya muertos que, de resultas de la putrefacción, dan origen a múltiples vidas. En ello colabora una potencia análoga a la del Universo, que es la misma aquí y en todas partes.

Si el alma vuelve de nuevo a este mundo, toma el *daimon* que ya tenía, u otro adecuado a la vida que escogió. Embarca primero en este *daimon* como en un barco que la trae a este mundo; luego la toma consigo "el huso de la necesidad" y la ordena como en un navío, en el cual asienta su suerte. Y, al igual que el viento arrastra al pasaje del navío, por más que este se sienta o se mueva, así también arrastra al alma el movimiento de las esferas. Muchas cosas y muy variadas pasan entonces ante su vista, y le suceden cambios y accidentes lo mismo que al pasajero que, en el navío, sufre el vaivén de este o cambia de lugar por su propio movimiento, con el que responde por sí mismo a la acción de aquél. Porque en circunstancias análogas no todos se mueven, o quieren, o actúan de la misma manera. De hombres diferentes se originan cosas también diferentes, ya sean similares o no las circunstancias en que se produzcan; de otros, en cambio, surgen las mismas cosas, aunque las circunstancias sean diferentes. Este es, realmente, su destino.

Enéada IV.3.11-16

Me parece que han comprendido bien la naturaleza del Todo esos antiguos sabios que han querido tener presentes a los dioses fabricándoles templos y estatuas[22]. Comprendieron, en efecto, que es fácil atraerse en todas partes la naturaleza del Alma Universal, pero que resulta todavía más sencillo hacerse con ella si se construye un objeto que pueda recibir su influjo o al menos su participación. La representación en imagen de una cosa sufre siempre el influjo de esta, de la misma forma en que un espejo es también capaz de aprehender la imagen.

Porque la naturaleza, actuando de una manera muy hábil, hace todas las cosas imitando aquellos seres cuyas razones posee. Así nace realmente todo, como una ra-

---

22   Plotino hace aquí referencia a los antiguos rituales sacramentales, que seguían básicamente patrones cosmológicos. Templos, santuarios y estatuas eran contemplados como los cuerpos de los dioses, sus receptáculos materiales, hechos conforme a las reglas de la ciencia sagrada de los símbolos, formas, proporciones, materiales e iconografías divinas. La animación de las estatuas hace referencia al descenso de la luz divina invisible, el arquetipo o espíritu, hasta el vehículo sagrado (cuerpo humano, templo, estatua o paisaje). Los ritos de la "animación" litúrgica o consagración de imágenes divinas, edificios o momias, era algo habitual en las prácticas diarias de los sacerdotes egipcios. La animación teúrgica de las estatuas en el neoplatonismo se basaba en las enseñanzas de los Oráculos Caldeos y los ritos hieráticos de los antiguos egipcios, fenicios, asirios y babilónicos. Según Jámblico, los dioses iluminan cielos, tierra, ciudades y estatuas sagradas, y pueden animarlas externamente, sin necesidad de descender hasta ellas.

zón que se da en la materia, pero que recibe una forma de algo que está por encima de la materia; (la naturaleza) lo pone en contacto con el Ser Divino según el cual fue engendrado, mientras el Alma Universal lo contempla para que todo se haga según ella. No es posible, pues, que haya alguna cosa que no participe de la Divinidad, pero tampoco es posible que la Divinidad descienda hasta nosotros.

El Principio Intelectual de que hablamos viene a ser como el sol inteligible —que es precisamente lo que nosotros tomamos como ejemplo—, pero a continuación de él hemos de colocar un alma que depende de él y que permanece en el mundo inteligible. Esta alma da al sol los límites que ciertamente le convienen, operándose, por medio de ella, la unión más íntima entre el sol sensible y el sol inteligible. También por su intermedio se transmiten al sol sensible las voluntades del sol inteligible, así como al sol inteligible los deseos del sol sensible, todo ello en la medida en que, por medio del alma, pueden esos deseos llegar hasta aquel.

Nada, en realidad, está lejos de nada, porque el estar lejos supondría la diferencia y la mezcla entre los seres; pero es que, además, en esta misma separación hay unidad. No ocurre de otro modo con los dioses, que no se encuentran nunca separados de los seres inteligibles, sino que, por el contrario, aparecen unidos al Alma Primitiva, que proviene en cierta manera de la inteligencia. Por medio de esta alma, que les hace ser lo que se dice que ellos son, los dioses contemplan la inteligencia, hacia la cual, y solo a ella, dirige el alma sus miradas.

En cuanto a las almas de los hombres, ven sus imágenes como en el espejo de Dionisos[23] y se lanzan hacia ellas desde lo alto, pero sin cortar por ello con su Principio, que es el Intelecto.

No descienden, pues, con su propia inteligencia, sino que se dirigen hacia la tierra, pero con la cabeza fija por encima de los cielos[24]. Si ocurre en realidad que descienden demasiado, ello será debido a que su parte intermedia viene obligada a procurar el cuidado del cuerpo en el que las almas se han precipitado. El padre Zeus, en este caso, se compadece de sus trabajos y hace temporales las ligaduras que les atan a ellos, dando a las almas un descanso en el tiempo y liberándolas a la vez de sus cuerpos para que puedan alcanzar la región inteligible, donde permanece ya para siempre el Alma del Universo sin tener que volverse a las cosas de aquí abajo.

Porque el contenedor de la totalidad de las cosas dispone verdaderamente de cuanto es posible para bastarse a sí mismo, y así es y será, ya que su ciclo se cumple según razones fijas y, al cabo de un cierto tiempo, vuelve de nuevo al mismo estado conforme a un movimiento periódico. De este modo pone también de acuerdo las cosas de arriba con las de este mundo, ordenándolo todo con sujeción a una razón única. Y todo queda perfectamente

---

23   Se trata de una referencia al mito órfico de Dionisos, que fue descuartizado por los titanes.

24   Plotino alude aquí a la doctrina que señala que la parte superior del alma no desciende hasta el cuerpo, sino que permanece en el mundo divino.

regulado, no solo en lo que atañe al descenso y al ascenso de las almas, sino también en cuanto a las demás cosas.

Lo prueba el acuerdo de las almas con el orden del Cosmos, pues estas no actúan separadamente, sino que coordinan sus descensos y manifiestan una armonía con el movimiento circular universal. La condición de las almas, sus vidas y sus mismas voluntades, tiene una explicación en las figuras formadas por los planetas, que emiten una sola nota y en las debidas proporciones: la música, la armonía por la que todo es descrito, es el mejor testigo de esta verdad.

El Todo debe, en cada acto y experiencia, ser una expresión de lo Supremo, que debe dominar del mismo modo sus períodos y su estable ordenación, así como las vidas de las almas en los distintos géneros de carreras que ellas realizan, bien en el mundo inteligible, bien en el cielo, bien en esos lugares terrestres a los que ellas se vuelven.

El Intelecto Divino, por su parte, permanece siempre y por entero en lo alto, sin que en ninguna ocasión salga fuera de sí mismo; no obstante, aún asentado como está en el mundo inteligible, deja sentir su influencia en las cosas de aquí abajo por intermedio del Alma. El Alma, colocada más cerca de ella, se dispone según la Idea que recibe del Intelecto Divino; da, a su vez, esta forma a las cosas que dependen de ella, haciéndolo de una o de otra manera, según una ordenación firme, aunque variable. No desciende nunca de un modo igual, sino en un grado mayor o menor, aunque se dirija a un mismo género de seres. Cada alma desciende a un cuerpo que le es apropiado, conforme al carácter de su disposición. Y así todas ellas son llevadas al cuerpo que más se les parece, unas, por ejemplo, al cuerpo de un hombre, otras al cuerpo de un animal, y cada una, en fin, a un cuerpo diferente.

Lo Ineluctable, la Ley Cósmica descansa así en una naturaleza que impone a las almas, a tenor de su misma ordenación, que se dirijan hacia la imagen engendrada y arquetípica, pues todas las almas de la misma especie son vecinas de aquel objeto hacia el cual les inclina su propia disposición. De este modo, en un momento determinado no hay siquiera necesidad de que alguien las envíe o las conduzca para que entren en un cierto cuerpo, ya que, cuando el momento así lo exige, descienden por sí mismas y entran allí donde es preciso que lo hagan. Digamos que el momento es diferente para cada alma y que, una vez llegado este, cada una desciende al cuerpo conveniente, como si fuese llamada por un heraldo. Pudiera creerse que el alma es movida y dirigida por un poder mágico, que ejerce sobre ella una fuerte y vigorosa atracción. De igual modo se verifica en cada animal el gobierno del alma, porque, en el tiempo apropiado, el alma mueve y engendra cada una de las partes, y así produce el crecimiento de la barba o de los cuernos, o desarrolla nuevas tendencias y floraciones, no existentes con anterioridad. Y lo mismo sucede con los árboles: sus almas los gobiernan con arreglo a disposiciones prefijadas.

Las almas no vienen hasta aquí por su voluntad, ni tampoco son enviadas. Lo que en ellas se considera como voluntario no es en realidad una voluntad de elección, puesto que se mueven naturalmente y tienden al cuerpo de manera instintiva, como ocurre con el deseo sexual y a veces, incluso, con algunas hermosas acciones, no cumplidas de modo racional. Ese es siempre el destino de este ser, unas veces el que ahora decimos y otras veces otro.

En cuanto al Principio Intelectual, que es anterior al Cosmos, tiene también su destino, el cual consiste en permanecer en el mundo inteligible, enviando desde él su luz y sus rayos de conformidad con una ley universal. Esta ley es absoluta para cada individuo y, para realizarse, no saca su fuerza de algo extraño, sino que se da a los individuos, que se sirven de ella y la transportan en sí mismos. Cuando llega su tiempo, su voluntad se cumple por las almas individuales que la retienen, hasta el punto de que son estas las que realizan la ley, por llevarla precisamente consigo y disponer de su fuerza. La ley que se da en las almas es como una carga que pesa sobre ellas y que les infunde el deseo doloroso de dirigirse allí donde se les indica que vayan.

Este Cosmos nuestro se ilumina con muchas luces, adornado como está de muchas almas. Además de su primera ordenación, acoge en sí mismo otros muchos mundos que provienen de los dioses altísimos y de esas inteligencias que le dan las almas. Así es posible interpretar el mito siguiente: Prometeo modeló una mujer, a la que los otros dioses llenaron de adornos. Afrodita y las Gracias aportaron algún don, e igualmente cada uno de los demás dioses, por lo que muy justamente se la llamó Pandora, de resultas de los dones recibidos y del hecho de que todos los habían dado. Porque todos los dioses, en efecto, dieron algo a este ser modelado por Prometeo y que es imagen de la Providencia. Ahora bien, el que Prometeo rechace los dones de los dioses, ¿podrá significar que él escoge la vida intelectual como una vida mejor? Él mismo, en realidad, se ve encadenado por esto, por mantenerse en contacto con la obra realizada. El lazo en cuestión proviene de fuera y la liberación es alcanzada por Hércules, que tiene el poder de conseguir su rescate. Cualquiera que sea la interpretación que se dé al mito, se convendrá que alude al don divino de las almas introducidas en el mundo, lo cual está de acuerdo con nuestras afirmaciones.

Las almas, pues, se precipitan fuera del Mundo Inteligible, descendiendo primero al cielo y tomando en él un cuerpo[25]; luego, en su recorrido por el cielo, se acercan

---

25   Referencia al vehículo (*ochema*) del alma o cuerpo astral. Aristóteles relacionó el *ochema* con el *pneuma*, la sede de la capacidad imaginativa, análogo a ese elemento del que son hechas las estrellas. El *ochema-pneuma* en tanto que cuerpo astral funciona como un soporte cuasi-inmaterial del alma irracional. Los *daimones* tienen un *pneuma* brumoso que altera su forma como respuesta a su imaginación, y por esa razón pueden aparecer de múltiples formas. Para Jámblico, el "vehículo etéreo y luminoso" (*aitherodes kai augoeides ochema*) es el recipiente de las divinas *phantasiai*. El *ochema* transporta al alma hasta el estado corpóreo, y se va oscureciendo hasta que se convierte en algo material y visible: el cuerpo físico es también un tipo de *ochema*. Proclo distingue entre el *ochema* superior, inmaterial y luminoso en el que el Demiurgo platónico coloca al alma, y el *pneumatikon ochema*, un *ochema* inferior compuesto de los cuatro elementos y que sirve de vehículo para el alma irracional. Este *ochema* sobrevive a la muerte del cuerpo, pero finalmente es purificado.

más o menos a los cuerpos de la tierra, a medida de su mayor o menor longitud. Así, unas pasan del cielo a los cuerpos inferiores y otras verifican el tránsito de unos a otros cuerpos porque no tienen el poder de elevarse de la tierra, siempre atraídas hacia ella por su misma pesadez y por el olvido que arrastran tras de sí, carga que verdaderamente las entorpece. Las diferencias existentes entre las almas habrá que atribuirlas a varias causas: o a los cuerpos en que ellas han penetrado, o a las condiciones que les han tocado en suerte, o a sus regímenes de vida, o al carácter particular que ellas traen consigo, incluso, si se quiere, a todas estas razones juntas, o solamente a algunas de ellas.

Unas almas, por su parte, se someten enteramente al destino; otras, en cambio, unas veces se someten y otras veces son dueñas de sí mismas; otras almas, en fin, conceden al destino todo cuanto es preciso darle, pero en lo tocante a sus acciones, son realmente dueñas de sí mismas. Viven, por tanto, según otra ley, que es la ley que abarca a todos los seres y a la cual se entregan sin excepción todas las almas. La ley de que hablamos está formada de las razones seminales, que son las causas de todos los seres, de los movimientos de las almas y de sus leyes, provenientes del mundo inteligible. De ahí que concuerde con ese mundo y que tome de él sus propios principios, tejiendo la trama de todo lo que a él está ligado. En este sentido, mantiene sin modificación alguna todas las cosas que pueden conservarse conforme a su modelo inteligible, y lleva también a todas las demás allí donde lo exige su naturaleza. De modo que podemos decir que en el descenso de las almas ella es la causa, precisamente, de que ocupen una u otra posición.

Los castigos que, en orden a la justicia, acontecen a los malvados, conviene referirlos a esta ordenación, que es la verdaderamente debida. Pero, ¿y en cuanto a los males que, en forma de castigos, de escasez de recursos o de enfermedades, suceden contra toda justicia a los hombres de bien? ¿No convendría atribuirlos a una falta anterior? Porque hemos de tener en cuenta que todos estos males, ligados de algún modo a las cosas y anunciados por ciertos signos, se manifiestan conforme a la razón del universo. Aunque también pudiera decirse que no se ajustan a razones naturales y que nada tienen que ver con los hechos precedentes, de los que son meros acompañantes. Esto es lo que ocurre cuando una casa se cae: perece realmente aquel que está debajo de ella, sea este quien sea. Y lo mismo acontece cuando dos cosas, o simplemente una sola, avanzan según un cierto orden: deshacen y pisotean a todo el que encuentran en su camino. Tal vez pudiera pensarse que esto no constituye un mal para quien lo sufre, si miramos de modo general a la trama provechosa del universo.

No hay entonces tal injusticia, sino más bien una justificación que se basa por entero en los hechos acaecidos anteriormente. Pero no deberemos creer, de todos modos, que unos hechos responden a un cierto orden, y otros, en cambio, quedan fuera de toda ley y determinación. Porque si todas las cosas han de ocurrir según causas y consecuencias naturales, y, asimismo, de acuerdo con una razón y un orden superior, tendremos que convenir en que este orden y esta trama deben extenderse hasta lo más pequeño. La injusticia cometida por un individuo es realmente una injusticia para el mismo que la comete, y este, de cualquier modo que sea, no se ve descargado de su falta; ahora bien, considerada en el orden universal, llamarlo injusticia carece de sentido, e incluso no lo tiene para el que la ha sufrido, porque se trata de algo que debía ocurrir así. Si es un hombre bueno el que la sufre, concluirá necesariamente en un bien. Pues no hemos de pensar que este orden sea injusto y extraño a la Divinidad, sino que, al contrario, hace donación a cada uno de lo que es justo y conveniente. Es cierto que las causas no están completamente claras para nosotros, y el hecho de desconocerlas es motivo de que las censuremos.

Enéada IV.4.43-44

Pero, ¿cómo influyen sobre el hombre sabio la magia y los filtros mágicos? A su alma, desde luego, no llegan los efectos de la magia, puesto que su razón es impasible y no cambia en modo alguno de opinión. Sufrirá, no obstante, a causa de esa alma irracional que le viene del universo (material); o mejor aún, será esa alma la que sufra en él. Pero no se originará en él el amor a raíz de los brebajes mágicos, dado que el amor solo tiene lugar si el alma racional aprueba la pasión del alma irracional. Y en el caso de que su alma irracional experimente encantamientos, podrá liberarse de su poder por encantamientos de signo contrario. Los primeros pueden causarle la muerte, la enfermedad y otros males del cuerpo, porque lo que en él constituye una parte del universo tiene que sufrir la influencia de las otras partes, e incluso del mismo universo; pero su ser esencial, sin embargo, no experimentará daño alguno.

No es contrario a la naturaleza que no se experimenten esas influencias de modo inmediato, sino al cabo de un cierto tiempo. En cuanto a los *daimones* celestiales no hay inconveniente en que sufran por medio de su parte irracional; ni es absurdo, asimismo, concederles la memoria y la sensación, porque puede encantárseles y conducírseles de manera natural, siendo los más vecinos a nosotros los que mejor pueden escuchar nuestras súplicas, mucho mejor indudablemente que los que se encuentran más alejados. Pues todo ser que tiene relación con otro puede ser, en efecto, encantado por él, hasta el punto de que este le hechice y le arrastre consigo. Solo el ser que no tiene relación más que consigo mismo queda libre del encantamiento. Ello explica que toda acción y toda vida estén sujetas a los conjuros, porque, sin duda de ningún género, se ven arrastradas hacia esos mismos objetos que las encantan. De ahí las palabras (de Platón): "El magnánimo pueblo de Erecteo es de apariencia hermosa"[26]. Pero, ¿qué es lo que puede aprenderse en nuestras relaciones con otro ser? Nos sentimos arrastrados, en realidad, no por las artes de los magos, sino por la naturaleza misma que nos ilusiona con sus fraudes y enlaza unos seres a otros, pero no de una manera local sino con la acción de sus filtros.

Únicamente la contemplación escapa al encantamiento,

---

26   Plotino usa aquí esta cita para referirse al mundo físico en general.

porque nadie ejercita el encantamiento consigo mismo. Se trata aquí de un solo ser, ya que es también él mismo el objeto que contempla. Su razón no puede sufrir engaño, porque ella hace lo que debe hacer y realiza así mismo su vida y su actividad propia. En esta no son su libertad ni su razón las que le dan el impulso, sino la parte irracional, instituida como principio. Son así, pues, las pasiones las que actúan como premisas.

Tienen indudablemente un claro atractivo el cuidado de los hijos, la inclinación al matrimonio y todos los placeres que seducen a los hombres y halagan sus deseos. Todas nuestras acciones, tanto las que son movidas por la cólera como las afectadas por el deseo, carecen por completo de razón. Toda nuestra pasión política o nuestro deseo de posiciones de poder están provocados por el ansia de dominio que es innata en nosotros. Los actos que realizamos para evitar el sufrimiento tienen como principio el temor, e igualmente los que tienden a nuestra utilidad toman su origen del deseo. De tal manera que cuando actuamos para nuestro provecho tratamos de satisfacer nuestros deseos naturales, lo cual constituye claramente una especie de coacción de la naturaleza en su intento de familiarizarnos con la vida.

Podrá decirse tal vez que las acciones bellas escapan al encantamiento, ya que de no ser así, tampoco escaparía la contemplación, que se refiere de hecho a las cosas hermosas. Si, ciertamente, las acciones bellas se consideran como necesarias, es evidente que escapan al encantamiento, aun en el supuesto de que la belleza real sea algo distinto. Porque es indudable que conocemos su necesidad, y la vida, además, no inclina decididamente hacia abajo y hacia la materia sino en la medida en que la fuerza la naturaleza humana y esa inclinación a conservarla que se da en los demás y en nosotros mismos. Quizá por eso parezca razonable el no privarse de la vida, porque si todo ocurre así, somos verdadera presa del encantamiento. Mas si se ama la belleza que hay en esas acciones y se capta engañosamente por la vista los vestigios de hermosura que ellas contienen, lo que realmente perseguimos es la belleza de las cosas de este mundo, dominados como estamos por el encantamiento. Pues entonces, la aplicación a esta imagen de lo verdadero y el mismo atractivo que ella ejerce nos seduce engañosamente con su embeleso irresistible.

Tal es la acción de la magia de la Naturaleza. Porque perseguir como un bien lo que no es un bien y dejarse arrastrar a su vista por impulsos irracionales, no es otra cosa que verse llevado inconscientemente a donde uno no quisiera ir. ¿Y puede concebirse la magia de otro modo? Solo escapa, por tanto, a la acción del encantamiento aquel que, sin importar el atractivo de las partes inferiores de su alma, sostiene firmemente que no es un bien lo que ellas declaran como un bien, ya que el único bien existente es el que él conoce sin engaño posible y sin buscarlo, por la certeza de su posesión. Ya entonces no se ve atraído a él de ninguna manera.

Enéada V. 1

¿Cómo podremos explicar que las almas hayan olvidado a Dios, su padre, y que, siendo como son partes de Él y que a Él pertenecen por entero, se ignoren a sí mismas y le ignoren a Él? Digamos que el principio del mal es para ellas la audacia, la generación, la diferenciación primera y el deseo de existir por sí mismas. Pues queriendo gozar de su independencia, se sirven del movimiento que ellas poseen para dirigirse al lugar contrario al que ocupa la Divinidad.

Llegadas a este punto, desconocen ya por completo de dónde provienen y, al igual que unos hijos arrancados a sus padres y educados por largo tiempo lejos de ellos, se ignoran verdaderamente a sí mismas e ignoran a quienes les dieron el ser. Como no ven (a Dios), ni siquiera se ven a sí mismas, estas almas se menosprecian por desconocimiento de su linaje. Estiman, por el contrario, todo lo demás y nada les llena en mayor grado que la admiración de sí mismas. Se dejan llevar de la admiración y de la pasión hacia todas las otras cosas, suspendidas como están de ellas, y naturalmente, en cuanto les es posible rompen con todo aquello de lo que se alejaron en virtud de su menosprecio. De modo que sucede en realidad que la causa de su total desconocimiento de Dios es su misma estima de las cosas de aquí y su desdén por ellas mismas.

Porque perseguir y admirar una cosa es, para el que la persigue y la admira, sentirse en todo inferior a ella. Y así, quien se sitúa por debajo de lo sujeto a generación y destrucción, por estimarse la cosa más despreciable y mortal de cuantas él distingue, no puede nunca imaginar en su espíritu cuál sea realmente la naturaleza y el poder de Dios.

Por tanto, debemos usar de un doble razonamiento si hemos de dirigirnos a los que se encuentran en esta disposición con el deseo de que retornen al lugar contrario y de que asciendan hacia las realidades primeras para alcanzar así el ser más alto, que es el Uno o el Primero. ¿Cuáles son cada una de estas dos cosas? La primera nos muestra la vileza de lo que ahora es honrado por el alma, según tendremos ocasión de probar más adelante; la otra alecciona al alma y le recuerda cuál es su linaje y su dignidad. Esta cuestión es, naturalmente, anterior a la primera y por su misma luz se obtiene la iluminación de la otra.

Tratémosla, pues, ya que se encuentra próxima al objeto de la búsqueda y le ha de ser muy útil. Porque quien busca, en definitiva, es el alma y lo que ha de conocer es qué clase de ser es ella para poder, antes de nada, conocerse a sí misma y saber igualmente si tiene posibilidad de realizar esa búsqueda y si cuenta con un ojo capaz de ello, o lo que es lo mismo, si le conviene tal investigación. Ya que si lo que busca, en realidad, es algo extraño, ¿qué provecho sacará de aquí? En tanto si lo que sea es algo afín a ella, no hay duda de que le convendrá buscarlo y que incluso podrá encontrarlo.

Que toda alma reflexione en primer lugar que fue realmente ella misma la que creó todos los animales y les insufló la vida, esos animales que alimentan a la tierra y el mar, o cuantos se encuentran en el aire, en el cielo y en los astros divinos. Porque es evidente que a ella se debe la existencia del sol y la inmensidad del cielo, y es ella también la que puso orden en estos seres, dotándolos de un movimiento de rotación.

Pero el alma, sin embargo, dispone de una naturaleza diferente a la de los seres que ordena, mueve y hace vivir. Es necesario, por tanto, que tenga mucho más valor que ellos, ya que estos seres nacen y perecen cuando el alma les da la vida y les destruye, y ella, en cambio, existe siempre por cuanto no se abandona nunca a sí misma.

Y en lo relativo al modo de proporcionar la vida al universo y a cada uno de los seres, el alma deberá razonar así: que a la gran Alma la contemple otra alma, no pequeña, en estado de callada quietud, una vez que se haya hecho merecedora de contemplar al haberse liberado del engaño y de los hechizos que mantienen hechizadas a las demás almas. Hágase cuenta que está quieto no solo el cuerpo envolvente y el oleaje del cuerpo, sino también todo el entorno: quieta la tierra, quieto el mar, el aire y el cielo mismo, a pesar de ser más perfecto. Imagínese luego que el Alma, estando parada en el cielo, como que se infiltrara desde fuera, desde todas partes, se difundiera y se adelantara desde todas partes y lo iluminara por dentro. Como los rayos del sol iluminan una nube oscura y la tornan brillante, dándole un aspecto dorado, así el

Alma, al penetrar en el cuerpo del cielo, le dio vida, le dio inmortalidad y lo despertó de su inercia. Y el cielo, movido con movimiento eterno por obra del alma que lo conduce sabiamente, se convirtió en un viviente bienaventurado, y al alojarse el Alma en su interior, cobró dignidad. Él, anteriormente al Alma, era un cuerpo muerto, tierra y agua, mejor dicho, tiniebla de materia, no-ser y, como dice el poeta, "el objeto del odio de los dioses" (Homero).

El poder y la naturaleza del alma se harán todavía más claros y más evidentes si la imaginamos envolviendo y conduciendo el cielo a medida de su voluntad. Porque se entrega a él en toda su extensión, y todos sus intervalos, grandes y pequeños, se ven animados por ella. Tratándose de cuerpos, estos no podrán encontrarse juntos, y uno ha de estar aquí y otro ha de estar allá, pero siempre separados entre sí por más que se hallen en lugares contrarios. Con el Alma, en cambio, no acontece lo mismo, y no imparte vida con una parte de sí misma para cada cosa por estar fragmentada, sino que todas las cosas viven por el Alma entera y toda ella está presente en todas partes, semejándose al Padre que la engendró tanto en unidad como en ubicuidad. El cielo, que es múltiple y cuenta con diversas partes, adquiere unidad por el poder de esta Alma, que hace que este mundo se convierta en un dios. Y otro tanto ocurre con el sol, en su condición de ser animado, e igualmente con los demás astros, e incluso con nosotros, si somos partícipes en algo divino: "porque los cadáveres son más abyectos que la basura misma" (Heráclito).

No obstante, la causa por la que los dioses son realmente dioses es necesariamente anterior a ellos. Y nuestra alma se ofrece semejante al alma de los dioses hasta el punto de que, cuando se la considera en estado de pureza y sin el añadido que ella recibe, se la estima de igual valor que el Alma del mundo y de mucho más valor que todos los seres corpóreos. Porque todos ellos son terrestres, ya que si fuesen fuego, ¿qué es lo que podría inflamarlos? Lo mismo diríamos de los compuestos de estos dos elementos, aun en el caso de añadirles el agua y el aire. Siendo así que lo que perseguimos es el ser animado, ¿por qué olvidamos de nosotros mismos y buscar un ser que no somos nosotros? Si amas el alma que hay en otro, ámate con mayor razón a ti mismo.

Tal es el preciado y divino objeto que constituye el alma. Con su valiosa ayuda buscarás a Dios y te acercarás a él; pues no está tan lejos como para que no puedas alcanzarlo, ni son muchos, tampoco, los seres intermedios. Considera, pues, como la parte más divina de esta alma divina aquella que se halla más próxima al ser superior con el cual y por el cual se explica el alma. Porque aun siendo tal como la ha mostrado nuestro razonamiento, es realmente una cierta imagen del Intelecto. Y así como el discurso expresado por la palabra es la imagen del verbo interior del alma, así también ella es la expresión del Intelecto y la plena actividad por la cual éste produce la vida para que subsistan los demás seres. No de otro modo que en el fuego se da el calor que es propio de él y, asimismo, el calor que proporciona a las otras cosas.

Conviene considerar el alma que se encuentra en el Intelecto como algo que no fluye, sino que permanece, en tanto diremos de la otra alma que tiene existencia propia. El Alma, pues, que proviene de la Inteligencia, es un alma intelectual cuya inteligencia se manifiesta en los razonamientos y cuya perfección le viene de allí mismo, de ese padre que la alimenta pero que, con todo, no la ha engendrado tan perfecta como lo es Él. Su existencia le viene sin duda del Intelecto y su razón se encuentra en acto cuando la contempla. Porque actúa verdaderamente cuando contempla sus propios pensamientos en la inteligencia que tiene dentro de sí. Convendrá que añadamos que los únicos actos del alma son los actos intelectuales que se dan en su interior; así, todo lo que recibe de fuera resulta ser peor y una indudable pasión para el alma. He aquí que el Intelecto la hace todavía más divina, precisamente por ser su padre y por encontrarse presente en ella. No hay entre ambas otra cosa que una diferencia de esencia, como si una, la que viene a continuación, fuese un receptáculo, y la otra, en cambio, una forma. Al ser la materia del Intelecto tiene también que ser bella, inteligente y simple, como lo es el Intelecto. Con lo que se hace manifiesto que el Intelecto es superior al alma de que tratamos.

Enéada V.3.17

¿Qué cosa hay, pues, superior a la vida plenamente sabia, exenta de faltas y de errores, al Intelecto que posee todo, y a la vida y al Intelecto universales? Si respondiésemos que "el Principio que las ha producido", tendríamos que preguntarnos, entonces, cómo las ha producido. Y si no se muestra como un principio superior, nuestro razonamiento no alcanzará nada nuevo y quedará detenido donde estaba.

Pero deberemos elevarnos más allá de ella porque, entre otras muchas razones, la propiedad de bastarse a sí misma se aplica al Intelecto por estar hecho de muchas cosas y mantenerse, a la vez, exterior a ellas. Cada una de estas cosas es claramente deficiente y es por ello por lo que participa en la misma unidad en la que Él participa, sin ser, no obstante, el Uno en sí.

¿Qué es, por tanto, el Uno en el que participa y qué le hace ser, a la vez, todas las demás cosas? Si produce el ser de todas las cosas y da a la pluralidad de ellas, con su sola presencia, el poder de bastarse a sí misma, es, en efecto, la causa productora de la esencia que se basta a sí misma, sin ser por ello la esencia, puesto que se encuentra más allá de la esencia y de los seres que se bastan a sí mismos.

¿Basta con esto y podemos dar de lado a la cuestión? No,

porque mi alma, ahora más que nunca, siente los dolores del parto. De tal modo que, colmada hasta el máximo de estos dolores, debe ya dar a luz precipitándose hacia el Uno. Y no obstante, conviene conjurarla si encontramos todavía algún encanto contra tales dolores. Porque tal vez su aquietamiento se origine con nuestros discursos, a condición de repetir con frecuencia sus encantos. Pero, ¿qué nuevo conjuro podríamos encontrar? Porque el alma, que corre en pos de todas las verdades, huye sin embargo de todas aquellas en las que participamos, en cuanto queremos decirlas o pensarlas; ya que conviene que el pensamiento-discurso, si realmente quiere expresarse, aprehenda las cosas una tras otra, cumpliendo así su camino. Ahora bien; ¿qué contacto podrá seguirse en lo que es absolutamente simple? Basta para ello con un contacto intelectual. Pero, con este contacto, cuando tiene lugar, no se da posibilidad ni tiempo alguno para poder expresar nada, siendo solo más tarde cuando se razona sobre él. Hemos de creer que lo vemos cuando el alma percibe súbitamente su luz; porque la luz proviene de él y es él mismo.

Pensemos, pues, que está presente en nosotros cuando nos ilumina, como si se tratase de otro dios que viene a una morada, obedeciendo a algún llamamiento; es claro que, si no hubiese venido, no nos habría iluminado. De la misma manera, el alma carece de luz cuando no lo contempla; en cambio, cuando ha sido iluminada, tiene ya lo que ella buscaba. Tal es el fin verdadero del alma: el contacto con esa luz y la visión que tiene de ella, no por medio de otra luz, sino precisamente por esa misma luz que le da la visión. Porque lo que el alma debe contemplar es la luz por la que es iluminada, del mismo modo que podemos ver el sol gracias a la misma luz del sol.

Pero, ¿cómo se puede lograr esto? Despojándose de todo.

Enéada VI

Tratado 9

Sobre el Bien y el Uno

En este tratado, Plotino presenta por primera vez de manera sistemática su doctrina del Primer Principio, según la cual se debe admitir la existencia de una realidad absolutamente simple y rigurosamente Una, más allá del mundo inteligible y del Intelecto. La introducción de este principio representa la aportación de Plotino a la tradición platónica, que establecía un Intelecto demiúrgico al principio de todas las cosas, encargado de "pensar" las Formas inteligibles, "modelos" eternos a partir de los cuales el Intelecto divino produce el mundo sensible. Pero es precisamente la constatación de la multiplicidad y la pluralidad de los inteligibles lo que conduce a Plotino a exponer la necesidad de un Principio anterior y realmente simple, sosteniendo que la Unidad es siempre anterior a la multiplicidad que Ella produce.

Texto

Todos los seres tienen su existencia por el Uno, no solo los seres llamados así en el primer sentido, sino los que se dicen atributos de esos seres. Porque, ¿qué es lo que podría existir que no fuese uno? Si lo separamos de la unidad deja inmediatamente de existir. Ni el ejército, ni el coro, ni el rebaño tendrían realidad alguna si no fuesen ya un ejército, un coro o un rebaño. Del mismo modo, la casa y la nave carecen de existencia si no poseen unidad; porque tanto la una como la otra son una unidad y, si esta se pierde, dejan igualmente de ser nave y casa.

Las magnitudes continuas no tendrían razón de ser si no poseyesen la unidad. Un ejemplo: dividís una magnitud, y perdida ya su unidad, cambia necesariamente de ser. Igual acontece con las plantas y con los animales; cada uno de ellos es un cuerpo, pero un cuerpo que, si pierde su unidad, se descompone en múltiples partes, dejando de ser lo que antes era. Lo que surge entonces son tantos seres cuantas partes haya y cada uno de ellos presenta a su vez una unidad.

Se da la salud cuando hay en el cuerpo unidad armónica, se da la belleza cuando la unidad mantiene unidas las partes, y se da la virtud en el alma cuando la unión de las partes resulta de un acuerdo. Pues bien, dado que el alma, fabricando y moldeando el cuerpo y concediéndole la forma y el orden, lleva todo a la unidad, ¿convendrá acercarse hasta ella y decir que es ella misma la que dirige este coro de la unidad o incluso que es ya el Uno? O, puesto que el alma otorga a los cuerpos unas cualidades que no posee, como la forma y la idea que son algo diferente a lo que ella es, y asimismo la unidad, que proviene del alma, ¿ha de creerse que esa unidad que el alma da es diferente de ella, y que lo que hace realmente el alma es que cada ser sea uno por la contemplación del Uno, no de otro modo que como ocurre con el hombre, donde se recoge y plasma la unidad por la contemplación del hombre ideal?

De los seres de los que decimos que son un ser hacemos esta afirmación con una referencia concreta a su propia realidad. De modo que cuanto menos ser, menos unidad, y cuanto más ser, más unidad. Del mismo modo el alma, que es diferente del Uno, tiene más unidad en la medida en que posee más ser; pero eso no quiere decir que ella sea el Uno. Naturalmente que el alma es una, pero la unidad es para ella como un accidente. Alma y uno debemos considerarlos, pues, como dos cosas distintas, como si fuesen cuerpo y uno.

La magnitud discontinua, cual es el caso de un coro, está muy lejos de la unidad; la magnitud continua, en cambio, está muy cerca. El alma, por su parte, tiene en el Uno una participación mayor. Si, puesto que el alma no puede existir sin ser una, se quisiera identificar el alma y el Uno, habría que hacer notar ante todo que lo que ocurre con el alma acontece con todos los demás seres, esto es, que no pueden existir sin la unidad; y sin embargo, la unidad es algo diferente de ellos, porque el cuerpo, por ejemplo, no es lo mismo que la unidad, aunque participe desde luego de ella. Además, el alma, aun el alma una y aun cuando no conste de partes, es múltiple. Es múltiple, porque se encuentran en ella diversas facultades, como la facultad de razonar, la de desear o la de percibir, todas enlazadas entre sí por el vínculo de la unidad. He aquí, por consiguiente, que el alma da una unidad a los seres, que a su vez ella recibe de otro.

¿No es acaso cierto que en cada ser particular su esencia y su unidad son una misma cosa, y que en lo que atañe al Ser total y a la Esencia total, esencia del todo y unidad del todo son también idénticas? Así es que basta descubrir el ser para descubrir igualmente su unidad. Veamos: si, por ejemplo, la esencia es la Inteligencia, el Uno será también la Inteligencia, como primer ser y primera unidad que es, por la cual las demás cosas participan en el ser y, según esto, en la unidad.

¿Qué podría decirse del Uno sino que es el Ser mismo? Porque es realmente idéntico al Ser.

Decir "hombre" y decir "un hombre" es afirmar lo mismo. Aunque también podría ocurrir que cada cosa tuviese su número y que así como de una pareja digo dos, así de una sola cosa digo que es una. Pero es claro que si el número es un ser, también naturalmente lo será la unidad y convendrá entonces averiguar lo que es. Ahora bien, si el número no es otra cosa que un acto del alma, que recorre los seres contándolos, la unidad pierde ya todo valor. Pero la razón nos decía que un objeto que pierde su unidad no es en absoluto. Habrá que ver, por tanto, si la unidad y el ser se identifican en lo particular y en lo universal. Porque si el ser de un objeto no es otra cosa que una multiplicidad de partes y si, por otra parte, es imposible que la unidad sea una multiplicidad, la unidad y el ser serán realmente cosas diferentes.

El hombre es un animal racional y, además, muchas otras cosas, enlazadas todas ellas por la unidad. Así pues, el hombre es distinto de la unidad dado que él es divisible y la unidad no lo es. El Ser universal, que reúne en sí todos los seres, es, con mucha más razón, un ser múltiple y diferente de la unidad, y ello aunque participe de esta misma unidad. Porque el Ser universal posee, en efecto, la vida y la inteligencia, ya que sabemos que no es algo muerto; es por consiguiente, un ser múltiple. Si fuese solo inteligencia, también sería necesariamente un ser múltiple; y lo es con más motivo si se trata de una inteligencia que contiene ideas, puesto que la idea no puede en modo alguno ser una. Antes bien, la idea es un número, tanto la idea particular como la idea total; esa unidad que se le atribuye es la misma que se concede al mundo. Por tanto, hablando ya de una manera general, el Uno es lo primero, y no lo son en cambio la Inteligencia, las Ideas y el Ser. Cada idea está compuesta de varias cosas y es, por añadidura, posterior a ellas o, lo que es lo mismo, las cosas de las que está compuesta tienen precedencia sobre ella.

El que la Inteligencia no puede ser el término primero aparecerá claro con lo que ahora vamos a exponer: la Inteligencia superior, la que no contempla objetos que le son exteriores, conoce lo que tiene realidad antes que ella; y es que, ya al volverse hacia sí misma se vuelve en realidad hacia su principio. Pero si ella misma es ser pensante y objeto pensado, entonces es un ser doble y no simple; no es, en fin, una. O en otro caso, contempla un objeto distinto, un objeto que es superior y anterior a ella; o es posible aun que se contemple a sí misma y que contemple este otro sujeto superior, lo que quiere decir que es posterior a él.

De todos modos, hemos de establecer que, por una parte, la Inteligencia es un ser próximo al Bien y al Primero de los seres, al que desde luego mira, y que, por otra parte, está reunida consigo misma y se piensa a sí misma, pensándose a la vez como si fuese todas las cosas. Ha de encontrarse, pues, bien lejos del Uno, ya que presenta tal variedad de aspectos. El Uno, por consiguiente, no constituye todos los seres, porque en ese caso ya no sería uno: ni es la Inteligencia, dado que eso implicaría a todos los seres por el carácter de totalidad de aquella; ni es igualmente el Ser, porque el Ser realmente lo es todo.

¿Qué es, por tanto, el Uno y cuál es su naturaleza? No puede sorprender naturalmente que no sea fácil decirlo, puesto que tampoco es fácil decir lo que es el Ser o la Idea, aun cuando nuestro conocimiento se apoye en las ideas. Otro tanto ocurre con el alma, que si se dirige hacia algo privado de forma, es incapaz de aprehenderlo por su misma indeterminación, al no verse ayudada por ninguna impronta; resbala entonces fuera de ese objeto y teme no poseer nada. No es extraño, pues, que se fatigue en tal circunstancia y que anhele descender con frecuencia al mundo de las cosas. Así pues, no cejará hasta llegar al dominio de lo sensible en el que hallará descanso como si estuviese en un terreno sólido. Del mismo modo, cuando la vista se cansa de las cosas pequeñas, encuentra verdadero placer en acercarse a las cosas grandes. Pero cuando el alma quiere ver por sí misma, como realmente tan solo puede ver identificándose con su objeto y haciendo prevalecer su unidad, gracias precisamente a esa identificación, piensa que no posee todavía lo que busca al no advertir diferencia alguna con el objeto de su pensamiento.

Es así, sin embargo, cómo deberemos filosofar acerca del Uno. Y dado que es el Uno lo que indudablemente buscamos y en esa búsqueda examinamos el principio de todas las cosas, esto es, el Bien y lo que es primero, no convendrá que nos alejemos de aquellos objetos que son vecinos de los primeros, cayendo por ejemplo en los que están al final de la serie. Muy al contrario, hemos de levantarnos a nosotros mismos desde las cosas sensibles, que son las últimas en la escala de los seres, para quedar con ello libres de todo mal. Y como quiera que tendemos hacia el Bien, hemos de ascender hasta el principio interior a sí mismo hasta llegar a hacernos uno con él, en lugar de la multiplicidad, si es que anhelamos la contemplación del Principio y del Uno. Necesitamos ciertamente convertirnos en Inteligencia y confiar el alma a la Inteligencia como si en ella hallase su descanso; sí podrá el alma salir de su sueño y recibir lo que la Inteligencia ve, pues es evidente que el alma contemplará el Uno por medio de la Inteligencia, sin añadir por su parte sensación alguna ni nada que provenga al menos de la sensación. Lo que realmente es más puro ha de contemplarlo el alma por la pura inteligencia y por lo que hay de primero en ella. Y cuando el que así está preparado para tal contemplación, forja en su imaginación una magnitud, una forma o una masa del objeto, no tiene entonces como guía a la inteligencia, puesto que la inteligencia no ha sido hecha para ver esos objetos, y se trata en este caso del acto de la sensación o de la opinión, que sigue al de la sensación.

Conviene que la inteligencia nos anuncie hasta dónde llega verdaderamente su poder. La inteligencia puede ver, o lo que está antes que ella, o lo que es propio de ella, o lo que depende de ella. En cuanto a lo que depende de ella es de hecho simple y puro, más simple y más puro que lo propio de ella; y lo es en mayor grado lo que está antes que ella, que naturalmente no es ya inteligencia, sino algo anterior a la inteligencia. Porque la inteligencia es algo, uno más entre los seres, y no lo es en cambio ese término, que no puede tener el ser, ya que se encuentra antes de todo ser. El ser tiene una forma, que es la forma característica del ser, y ese término de que hablamos está privado de toda forma, incluso de la forma inteligible.

Siendo la naturaleza del Uno engendradora de todas las cosas, no es en modo alguno ninguna de las cosas que engendra. No es algo que pueda tener cualidad y cantidad; ni es por otra parte inteligencia o alma, ser en movimiento o en reposo, ser en el lugar o en el tiempo. Es simple por sí misma, y mejor aún, algo sin forma que está antes de toda forma, antes de todo movimiento y de todo reposo; estas cualidades son las que, precisamente, se encuentran en el ser y le hacen múltiple. Ahora bien, ¿cómo, si esta naturaleza no está en movimiento, no está por necesidad en reposo? Porque tanto cada una de estas propiedades aisladamente, como ambas, se encuentran necesariamente en un ser, y porque lo que está en reposo lo está por participación, sin que deba ser confundido con el reposo mismo; el reposo es un accidente que se añade al ser y que le hace perder su simplicidad.

Cuando decimos de esa naturaleza que es una causa, lo que hacemos es atribuirle un accidente, no a ella, sino a nosotros, que tenemos algo de ella, pues está claro que el Uno sigue permaneciendo en sí mismo. Hablando con propiedad no podríamos decir del Uno todas estas cosas y más bien deberíamos tratar de expresarnos como si lo viésemos desde el exterior, unas veces desde cerca, otras desde más lejos, por las indudables dificultades que encierra.

La mayor de las dificultades para el conocimiento del Uno estriba en que no llegamos a Él ni por la ciencia ni por una intelección como los demás inteligibles, sino por una presencia que es superior a la ciencia. El alma se aleja de la unidad y no es en absoluto una cuando aprende algo de modo científico, porque la ciencia es un discurso y el discurso encierra multiplicidad. El alma entonces excede la unidad y cae en el número y en la multiplicidad.

Es preciso, pues, remontar la ciencia y no abandonar nunca ese estado de unidad. Dejaremos si acaso la ciencia y sus objetos y prescindiremos de toda contemplación, aun de la de lo Bello, porque lo Bello es posterior al Uno y viene del Uno, lo mismo que la luz del día proviene toda ella del sol. De ahí que [Platón] afirme que no se puede decir ni describir. Pero, con todo, tratamos de manifestarlo y de escribir sobre Él en el curso de nuestra ascensión, y son las palabras las que nos despiertan a su contemplación, porque en cierto modo muestran el camino a aquel que quiera contemplar el Uno. Hasta ahí la enseñanza del camino y de la marcha; otra cosa será ya la contemplación, que es ya tarea del que desea contemplar.

Si, pues, no se dirige uno a la contemplación, si el alma no tiene noción del esplendor de ese mundo, si no experimenta ni retiene en sí misma esa pasión propia del amante que encuentra descanso en la visión del objeto amado, si, en fin, aquel que ha recibido la luz verdadera, que ilumina toda su alma por la proximidad a que ha llegado, es detenido en su subida por un peso que le impide la contemplación y, además, si no emprende solo la subida, sino que lleva consigo algún obstáculo que le separa de sí, o por otra parte no se ha visto reducido a la unidad (porque aquel no está ausente de nada y sí está ausente de todo, y está presente, pero tan solo a los que pueden recibirlo por encontrarse preparados para ello, esto es, por su disposición para adaptarse a Él y tocarlo, en razón de la semejanza que mantienen entre sí; pero para eso la potencia que existe en estos seres se encontrará en el estado originario, como cuando ha venido de Él, porque únicamente así será posible que lo vean, en tanto tal contemplación resulte naturalmente posible); sí, ciertamente, no ha llegado a un nivel tal y permanece aún fuera de sí, bien por las razones que ya se han dado, bien porque carece de la debida instrucción racional o no tiene fe en la que le ofrecen, entonces es mejor que se preocupe de sí mismo y que trate de apartarse y aislarse de todas las cosas.

Y si no tiene fe en las razones que se le dan, que reflexione ahora en las que siguen.

Todo aquel que piense que los seres están gobernados por el azar o por una fuerza espontánea y que se ven retenidos por causas corporales, se encuentra realmente muy lejos de Dios y de la noción del Uno. Por ello, nuestro razonamiento no se dirige a él, sino a los que admiten una naturaleza distinta a la de los cuerpos y se remontan así hasta el alma. Conviene, pues, comprender la naturaleza del alma y saber, entre otras cosas, que proviene de la Inteligencia, que posee la virtud por participación con esa misma razón. En consecuencia, entenderemos por Inteligencia algo más que la facultad de razonar y de argumentar, puesto que con los razonamientos se comprende separación y movimiento, y las ciencias son razonamientos interiores al alma que se manifiestan por palabras por ser precisamente la inteligencia la causa productora de ellas.

Vemos a la Inteligencia como una cosa sensible a través de una percepción, como algo que se impone al alma y que viene a ser como su mismo padre, dado que constituye el mundo inteligible; y debe añadirse que en la calma y en la inmovilidad contiene todas las cosas y es a la vez todas las cosas, multiplicidad que no puede dividirse ni discernirse. No hay ahí la distinción propia de las palabras, que se piensan una a una, pero, sin embargo, tampoco se produce confusión de ninguna clase entre las partes. Cada una ya avanza separada de las demás, y lo mismo que ocurre con las ciencias, todo lo que se sabe, se sabe como indivisible, no obstante estar cada cosa separada de las restantes.

Nos encontramos de este modo con una multiplicidad en la que todo está reunido. Esto es, el mundo inteligible. Próximo a lo que es Primero, existe por necesidad, según lo que nuestra razón nos dice y siempre que se admita la existencia del alma. Ese mundo resulta superior al alma, pero no es sin embargo lo primero, por carecer de unidad y de simplicidad: el Uno es lo único que es simple y es también, por esa su simplicidad, el Principio de todas las cosas. Precede al ser más noble de todos (pues debe haber algo anterior a la Inteligencia, que aspira a la unidad y demuestra con ese su deseo que ella no es una, sino semejante al Uno, ya que verdaderamente la Inteligencia no es una, sino semejante al Uno. Verdaderamente la Inteligencia no se dispersa sino que permanece consigo misma por ser vecina en Uno y tener realidad después de Él; con todo, ha tenido la osadía de alejarse en cierto modo de Él); ese Uno, ciertamente, es algo más admirable que la inteligencia y no cabe siquiera que lo llamemos ser, para no considerar el Uno atributo de ninguna cosa.

En realidad, no hay nombre que convenga al Uno, pero puesto que debe dársele alguno, será conveniente que lo llamemos "Uno", pero no como si fuese un ser al que se aplica tal atributo. Resulta verdaderamente difícil conocer al Uno de esta manera y mejor se lo conoce por lo que procede de Él, esto es, por el Ser. El Uno conduce la Inteligencia al Ser, y su naturaleza es tal que lo convierte en fuente de todo lo mejor y en potencia engendradora de los seres; eso aun permaneciendo Él en sí mismo y no debilitándose ni llevando su esencia a lo que procede de Él, por razón de su prioridad. Llamémosle, pues, "Uno", para que podamos entendernos entre nosotros y a fin de que con ese nombre lleguemos también a una noción indivisible, con la que unifiquemos nuestra alma. Sin embargo, no afirmaremos con ello que es uno e indivisible en la misma medida que lo es el punto o la unidad numérica, puesto que, mirando las cosas desde aquí, el Uno es el principio de la cantidad, la cual desde luego no existiría si no se diese antes la esencia y lo que precede a la esencia. No llevemos, por tanto, nuestro pensamiento por este camino, ya que lo que conviene es pensar el punto o la unidad numérica como cosas semejantes y análogas a lo que es simple y a lo que prescinde de toda multiplicidad y división.

¿Cuál es entonces el sentido de la palabra Uno y cómo acomodarlo con nuestro pensamiento? Admitimos que hay otros sentidos que los de la unidad numérica y el punto, pues está claro que el alma, dejando a un lado la magnitud y la pluralidad, concluye en algo mínimo e indivisible, pero algo mínimo e indivisible que se encuentra en lo divisible y en lo que es otra cosa. Pero lo que no está en otra cosa, no se encuentra así mismo en lo divisible y no es por consiguiente indivisible al modo como lo es ese mínimo; es de hecho la cosa mayor de todas y no porque sea la más grande, sino por el poder que encierra, lo cual puede acontecer naturalmente con algo que carezca de extensión. En cuanto a los seres posteriores al Uno, son indivisibles y no tienen partes, si miramos a su potencia, pero no si miramos a su masa.

Digamos que la infinitud del Uno no consiste en algo que no se pueda recorrer por su magnitud o por su número, sino en un poder al que no cabe señalar límites. Cuando nos lo imaginamos como una inteligencia o como Dios, no acertamos con toda su grandeza, y cuando lo unificamos con el pensamiento, resulta aún ser algo más que un dios y que todo lo que podemos representarnos de él, ya que el Uno es en sí y carece de accidente alguno. Quizá podríamos pensar en su unidad fijándonos en el hecho de que se basta a sí mismo. Porque es conveniente que posea en el más alto grado el carácter de suficiencia, de independencia y de perfección, de lo cual carece en parte toda cosa que es múltiple y no una.

La esencia necesita de Él en razón de su unidad, pero el Uno en cambio ni siquiera necesita de sí mismo, puesto que es lo que es. Todo lo que es múltiple tiene necesidad de cuanto le constituye, y cada una de las cosas que le componen, existente con las otras y no en sí misma, necesita a su vez de las demás. De ahí las deficiencias que presenta un ser de esta clase, tanto en lo que concierne a su unidad como a su conjunto. Suponiendo, pues, que deba existir algo totalmente independiente, este algo tendrá que ser el Uno, que no tiene necesidad ni de sí mismo ni de ninguna otra cosa. Porque el Uno no busca nada, ni para ser, ni para alcanzar su bien, ni para asentarse en un lugar. Siendo como es causa de las demás cosas, no recibe de ellas su ser, y en cuanto a su bien, ¿cómo podría encontrarlo fuera de sí? Ni accidentalmente supondremos en Él su bien, puesto que Él ya es el Bien en sí mismo. Y, por añadidura, no ocupa lugar alguno, ni necesita ser fijado en sitio alguno como si no pudiera sostenerse a sí mismo. Además, para ser sostenido hay que ser masa inanimada, que cae si no ha sido sostenida todavía. La situación de todas las cosas se explica gracias al Uno, pues por Él tienen no solo la existencia, sino también el lugar que Él les asigna. Ya es una deficiencia el tener necesidad de un lugar, pero el Principio de todas las cosas no necesita de lo que pueda seguirle ni, en general, de ninguna cosa, ya que cualquier deficiencia supondría en Él un deseo del Principio.

Si suponemos que el Uno está falto de algo, es que busca el no ser uno. Pero, si es así, de lo que realmente trata es de destruirse a sí mismo; pero como todo lo que en un ser se llama necesidad, es necesidad del bien y de la propia conservación del ser, y para el Uno no puede haber ningún bien fuera de Él, está claro que tampoco tendrá deseo de nada. El Uno se encuentra por encima del bien y no es bien para sí mismo; lo es en cambio para todas las demás cosas, si estas son capaces de recibir algo de Él. No es tampoco pensamiento, para que no pueda trascender de sí mismo; ni tiene movimiento, sino que se da antes que todo movimiento y pensamiento. Porque, ¿en qué podría pensar? ¿En sí mismo? Pero en este caso está claro que poseería ignorancia antes de pensar, y tendría necesidad del pensamiento para conocerse, cosa contradictoria puesto que Él se basta absolutamente a sí mismo. Sin embargo, no porque no se conozca ni se piense vamos a atribuirle la ignorancia, porque para que Él fuese ignorante tendría que existir otro ser cuya existencia desconociese. Pero Él, que está solo, no puede tener otro ser al que conozca o ignore. Estando, consigo mismo, no necesita pensarse a sí mismo.

Tampoco convendrá decir que "está consigo mismo" para preservar su unidad, porque mejor será negarle el acto de pensar y de comprender, el pensamiento de sí mismo y todas las demás cosas. No lo colocaremos así en la categoría de los seres que piensan, sino más bien en la del pensamiento. El pensamiento, para empezar, no se piensa a sí mismo, sino que es causa de que otro ser piense, y la causa, evidentemente, no se identifica con el efecto. Queda, pues, de manifiesto que lo que es causa de todas las cosas no es ninguna de entre ellas. No digamos entonces que es el Bien, ya que el Bien se debe a Él. Digamos mejor que Él es el Bien que se encuentra por encima de todos los demás bienes.

Pero si tu pensamiento se vuelve indefinido a causa de que el Bien no es ninguno de esos bienes, haz pie en estos y desde ellos contempla. Pero al contemplar no lances la mirada de tu mente al exterior, porque el Uno no está ubicado en un lugar concreto, dejando las demás cosas aisladas de él, sino que está presente para quienquiera que sea capaz de llegar allá. Para quien no lo sea, no está presente.

Del mismo modo que no se puede pensar en un objeto si se tiene otro en el pensamiento y, además, se permanece cerca de este otro, porque, si realmente se quiere pensar en ese objeto, no debe añadirse nada a lo que se piensa, así también debe comprenderse que no hay posibilidad de pensar en el Uno en tanto permanezca en el alma la impronta de otro objeto y una impronta actuante, pues un alma retenida por un objeto no puede recibir la impronta del objeto contrario. E igual que se dice de la materia que debe carecer de toda cualidad para poder recibir la impronta de cualquiera de ellas, con mayor motivo el alma debe estar desprovista de formas para que no haya en ella obstáculo alguno que le impida verse llena e iluminada por la Naturaleza primera.

Si esto es así, el alma debe apartarse del mundo exterior y volverse enteramente hacia su interioridad. No estará ya inclinada hacia las cosas de afuera, sino que se mostrará ignorante de todo y, antes de nada, se preparará para la contemplación, alejando de ella toda idea y desconociendo incluso a la misma contemplación. Luego de haber consumado la unión y de haber tenido con el Uno el trato suficiente, el alma deberá ir a anunciar a los demás seres, si realmente le es posible, ese estado de unión a que ha llegado. Tal vez por haber resultado Minos de una unión semejante se le ha llamado "el confidente de Zeus", pues llevado del recuerdo de esa unión instituyó leyes que son como su imagen, justificadas por él por ese contacto con lo divino. Si no juzga ya dignas de sí las ocupaciones políticas, que permanezca, si lo prefiere, en la región celeste, como hace quien ha alcanzado la visión colmada[27].

27   Este párrafo parece estar haciendo alusión al concepto denominado "realización descendente". Recordemos que la realización del ser en su proceso iniciático tiene dos aspectos o fases: el proceso ascendente, hacia el Uno, que está en principio abierto a todos los que sean capaces de realizarla, y la otra, excepcional, que es un descenso al mundo de la manifestación y la

Dios, dice Platón, no se encuentra fuera de ningún ser; está en todos ellos, aunque no lo sepan. Porque los seres huyen de Él, o mejor se alejan de sí mismos. No pueden, por tanto, alcanzar a Aquel de quien han huido, ni buscar otro ser luego de haberse perdido a sí mismos. Ocurre como con el hijo, enajenado de sí por la locura, que no acierta a reconocer a su padre, mientras que el que se conoce a sí mismo, sabe perfectamente de dónde procede

Por tanto, si un alma se conoce a sí misma y sabe además que su movimiento no es rectilíneo, salvo cuando se quiebra, si conoce que su movimiento natural es un movimiento circular, no alrededor de algo exterior, sino en torno al centro (al centro del que se genera el círculo), se moverá hacia el centro del que ella ha salido y quedará suspendida de él, reuniéndose precisamente en ese punto hacia el que deberían dirigirse todas las almas y solo se dirigen en realidad, desde siempre, las almas de los seres divinos. Marchando, pues, hacia ese centro, las almas son como dioses, porque un dios es un ser reunido con el Uno, en tanto la generalidad de los hombres y las bestias se hallan más alejados de Él.

¿Pero será el centro del alma lo que nosotros buscamos?

---

multiplicidad. En tanto que el ser que permanece en lo No Manifestado ha realizado su camino para sí mismo, el que "desciende de nuevo" cumple una función predestinada de "enviado del Cielo". Este enviado está encargado de traer a los seres de este mundo las influencias espirituales propias de su estado. Es la función desempeñada por los grandes profetas de la historia, los fundadores de religiones, los "legisladores sagrados" como Minos, y los creadores de ritos o de adaptaciones providenciales de las vías espirituales.

¿O no hemos de creer que se trata de otra cosa, esto es, del punto en el que convergen todos estos centros, llamados así por su analogía con el centro del círculo visible? Porque es indudable que el alma no es un círculo, a la manera de una forma geométrica, y lo que queremos decir con esta expresión es que su antigua naturaleza se encuentra en ella y alrededor de ella, que todas las almas son partes de ella y, aún más, que ya se han separado de aquella naturaleza.

Solo que ahora, como una parte de nosotros mismos está retenida por el cuerpo (como si se tuviese los pies en el agua y el resto del cuerpo quedase por encima), y elevándonos sobre el cuerpo por aquella otra parte que no es bañada por él, alcanzamos con nuestro propio centro el centro universal, lo mismo que los centros de los grandes círculos de una esfera coinciden con el centro de la esfera que los contiene, así también encontramos ahí nuestro descanso. Si se tratase de círculos corpóreos y no de círculos psíquicos, la unión de los centros sería únicamente una unión local y, dado que el centro se encontraría en un punto determinado, estarían aquellos círculos alrededor de él; pero como las almas son inteligibles y el Uno se encuentra por encima de la Inteligencia, hay que suponer que la unión por la que el ser pensante se enlaza con el objeto pensado se realiza por medio de otras potencias, y que el ser pensante está presente a su objeto por una cierta semejanza o identidad e incluso por la comunidad de naturaleza, siempre que no se interponga entre ellos ningún obstáculo.

Hay impedimento para que los cuerpos se comuniquen entre sí, pero esto no puede extenderse a los seres incorpóreos, que no son obstaculizados por los cuerpos. Lo que aleja unos de otros a los seres incorpóreos no es el lugar, sino la alteridad y la diferencia que existe entre ellos. Cuando la alteridad ya no se da, entonces los seres no son diferentes y están presente unos a otros. Así pues, Aquel que no ofrece en sí mismo ninguna diferencia está siempre presente, pero nosotros únicamente estaremos presentes a Él cuando nuestra alteridad desaparezca. No es Él el que se dirige a nosotros para rodearnos, sino que somos nosotros los que tendemos hacia Él, y nos situamos a su alrededor. Pero, aunque siempre estamos en torno a Él, no miramos en todo momento hacia Él. Somos en este caso como un coro que cantando siempre alrededor del corifeo puede no obstante volverse hacia los espectadores; pero cuando torna a su habitual estado y rodea al corifeo es cuando canta realmente a la perfección. Del mismo modo le rodeamos nosotros a Él, y cuando no lo hacemos se prepara nuestra completa destrucción y dejamos de ser para siempre. Pero no estamos siempre vueltos hacia el Uno. Cuando lo hacemos, en su visión encontramos nuestra meta y nuestro descanso y formamos ante Él como un coro que no desentona y que interpreta una danza inspirada.

En esta danza se contempla la Fuente de la Vida, la Fuente de la Inteligencia, el Principio del Ser, la Causa del bien, la Raíz del alma. Todas estas cosas no se desbordan de Él y empequeñecen su esencia, porque el Uno no es una masa. Si fuese así, también esas cosas serían perecederas, y nosotros sabemos que son eternas puesto que su principio permanece idéntico a sí mismo y no se reparte entre ellas, sino que continúa tal cual es. De ahí la permanencia de todo eso, como ocurre con la luz que subsiste en tanto subsiste la luz del sol. No hay un corte entre el Uno y nosotros, ni tampoco estamos separados de Él, a pesar de que la naturaleza del cuerpo procure atraernos hacia sí. Por Él vivimos y nos conservamos, pues Él no se retira después de conceder sus dones, sino que continúa dirigiéndonos en tanto sea lo que es. Nos inclinamos hacia Él y tendemos a nuestro bien, ya que nuestro alejamiento de Él sería empequeñecernos.

En Él el alma descansa de los males y se retira a una región limpia de todo mal, conoce de manera inteligente, alcanza un estado impasible y llega a vivir la vida verdadera. Porque nuestra vida de ahora, sobre todo si no cuenta con lo divino, no es más que una huella que imita aquella vida. La vida verdadera es como un acto de la Inteligencia, acto por el cual engendra dioses en sereno contacto con el Uno; engendra, por ejemplo, la belleza, la justicia y la virtud. Porque el alma puede dar a luz todas estas cosas si está colmada de lo divino. Esto significa para ella el comienzo y el fin de su ser. El comienzo porque proviene de allí, el fin porque el Bien está allí, y una vez vuelta ella a esa región, vuelve a ser lo que realmente era. Este estado de ahora es el estado de "caída, destierro y pérdida de las alas", pero muestra que el Bien está allí y que el amor es algo circunstancial al alma, como lo indica el relato de la unión de Eros y las almas, tal como se presenta en las pinturas y en la literatura.

Puesto que el alma es diferente de Dios, pero proviene de Él, necesariamente lo ama; cuando se encuentra en la región inteligible lo ama con un amor celeste, pero cuando se encuentra aquí lo ama con un amor vulgar. Allí tenemos a la Afrodita de los cielos, en tanto que aquí se halla la Afrodita vulgar que se presta al oficio de prostituta. Toda alma es una Afrodita y eso es lo que viene a decir "el nacimiento de Afrodita y la concepción simultánea de Eros". Así pues, el alma ama naturalmente a Dios y quiere unirse a Él, igual que haría una doncella que amase honestamente a un padre honesto; pero si, al encarnarse, se deja engañar por galanteos cambiando su amor por un amor mortal, queda arrancada violentamente del amor de su padre. De nuevo, si siente horror por esta violencia, se purifica de las cosas de este mundo para volver llena de alegría al regazo de su padre.

Los que desconocen este estado pueden imaginarse, por los amores de este mundo, qué es lo que significa para el alma el encontrarse con el objeto más amado. Porque los objetos que nosotros amamos aquí son realmente mortales y nocivos, algo así como fantasmas cambiantes, que no podemos amar verdaderamente porque no constituyen el bien que nosotros ansiamos. El verdadero objeto de nuestro amor se encuentra en el otro mundo; podremos unirnos a Él, participar de Él y poseerlo, si no salimos condescendemos con los placeres de la carne. Quien lo ha visto, sabe bien de lo que hablo; sabe que el alma tiene otra vida cuando se acerca al Uno y participa de Él, y toma conciencia de que está junto a ella el dador de la verdadera vida, sin que necesite de ninguna otra cosa. Por el contrario, conviene que renuncie a todo lo demás y que se entregue solamente a Él, convirtiéndose en una sola cosa con Él, rompiendo todos los lazos que la atan a este mundo. Así es como procuramos salir de aquí y nos irritamos por los lazos que nos unen a los otros seres. Nos volvemos entonces por entero hacia nosotros mismos y no dejamos parte ninguna nuestra que no entre en contacto con Dios.

Ya, pues, es posible verlo y vernos también a nosotros mismos en tanto la visión esté permitida. Se ve uno resplandeciente de luz y lleno de la luz inteligible, y mejor aún, se convierte uno en una luz pura, ligera y sin peso, hecho dios, o mejor dicho, siendo Dios. Se verá inflamado de amor en aquel instante hasta el momento en que, vencido otra vez por su peso, se siente como marchito y apagado.

¿Por qué no permanece en ese mundo? Sin duda, porque no ha salido del todo de este. Pero llegará un momento en que la contemplación será continua y no se verá turbada por ningún obstáculo proveniente del cuerpo. No es la parte de nosotros mismos que ve la que se encuentra impedida, sino otra parte; y así comprobamos que cuando deja de contemplar, no concluye su conocimiento de tipo científico, que consiste en demostraciones, en pruebas y en un diálogo del alma consigo misma. Pero no confundamos la razón con la visión y la facultad de ver, porque ambas cosas son mejores que la razón y anteriores a ella, como lo es su objeto mismo.

En el momento en que el ser que ve, se ve a sí mismo, se verá tal como es su objeto; mejor aún, se sentirá unido a él, similar a él y tan simple como él. Aunque quizá no convenga decir que verá, porque el objeto visto (y debemos afirmar que hay dos cosas, un sujeto que ve y un objeto que es visto, y que ambos no son una misma, lo cual sería mucho atrevimiento), el objeto visto, digo, no lo ve ni lo distingue de sí mismo tal como si se representase dos cosas, sino que al convertirse en otro ya no es realmente él mismo, ni nada de sí mismo contribuye allí a la contemplación. Sucede como si hubiese hecho coincidir su centro con el centro universal. Pues incluso en este mundo, cuando ambos se encuentran, forman una unidad, y son solo dos cuando se mantienen separados. Y he ahí el por qué nos resulta difícil de explicar en qué consiste esta contemplación, ya que, ¿cómo podríamos decir que el Uno es otro, si no lo vemos como otro y unido a nosotros cuando lo contemplamos?

Esto es lo que quería dar a entender el precepto de los misterios de no revelarlos a los no iniciados. Partiendo del hecho de que aquel espectáculo no es revelable, prohibió manifestar la divinidad a cualquier otro que no haya tenido la posibilidad de verla por sí mismo.

No siendo en esa ocasión dos cosas, si en verdad el sujeto que ve y el objeto visto son una misma (hablaríamos mejor de una "unión" que de una "visión"), cuando aquel quiera recordar después esa unión, acudirá a las imágenes que guarda en sí mismo. Pero si el ser que entonces contemplaba era uno y no manifestaba diferencia consigo mismo ni con respecto a las demás cosas, tampoco advertía movimiento dentro de sí, y en su ascensión no mostraba cólera ni deseo, y ni siquiera razón ni pensamiento, porque si hay que decirlo de algún modo, él mismo ya no disponía de su ser que, arrebatado o poseído de entusiasmo, se elevaba a un estado de serena calma. Verdaderamente, al no separarse de la esencia del Uno, no verificaba movimiento alguno hacia sí, sino que permanecía completamente inmóvil y se convertía en la inmovilidad misma. Ya no le retenían las cosas bellas, puesto que miraba por encima de la belleza, y había sobrepasado también el coro de las virtudes, había dejado atrás las estatuas del templo como quien penetra en el interior de un santuario. Serían las estatuas precisamente lo primero que tendría que ver al salir del santuario, después de esa visión interior y de esa unión, no desde luego con una estatua o una imagen de la divinidad, sino con la Divinidad misma; las estatuas constituirían contemplaciones de orden secundario.

Quizá no deba hablarse ahora de una contemplación, sino de otro tipo de visión, por ejemplo, de un éxtasis, de una simplificación, de un abandono de sí mismo, del anhelo de un contacto, quietud e intuición que ronda en busca de acoplamiento. Todo ello, para contemplar lo que hay en el santuario. Si otra fuese la manera como contemplase, es claro que nada de esto se le haría presente.

Estas son las imágenes con las que los más sabios de los profetas han expresado de forma enigmática en qué consiste la contemplación de Dios. Cualquier sabio sacerdote puede dar con la verdad del enigma si llega a alcanzar en ese mundo una contemplación del santuario. Pero aunque no la alcance, y considere que el santuario es inaccesible a la visión, tendrá que considerar a este como Fuente y Principio, y sabrá además que el Principio solo se ve por el Principio, que lo semejante no se une más que a lo semejante y que no han de despreciarse en modo alguno cuantas cosas divinas pueda retener el alma. Así, antes de la contemplación, reclamará ya todo lo demás a la contemplación, aunque lo que él estime como el resto sea realmente lo que se encuentra por encima de todas las cosas y también antes de ellas.

La naturaleza del alma no admite el acercarse a la nada absoluta; cuando desciende, se dirige hacia el mal, que es una especie de no-ser, pero no al no-ser absoluto. Al avanzar en sentido contrario, no va tampoco hacia otro ser, sino hacia sí misma, y es por ello por lo que no entra en otra cosa sino en sí misma[28]. Pero basta que ella esté únicamente en sí y no en el ser para que se encuentre verdaderamente en Él, porque Él no es una esencia, sino que está más allá de la esencia para el alma que tiene relación con Él. Quienquiera que se ve a sí mismo convertirse en Él, se considera a sí mismo como una imagen de Él. Partiendo de sí, como de la imagen al arquetipo, llegará indudablemente al fin del viaje. Y si alguna vez se aparta de la contemplación, que reavive de nuevo su virtud, y comprendiendo entonces toda su ordenación interior, que vuelva a su ligereza de alma y, por intermedio de la virtud misma, llegue hasta

---

28   Es decir, el viaje del alma, bien se realice ya en esta vida o después de la muerte física, no es más que volverse al interior de uno mismo, recuperar el verdadero "Yo".

la inteligencia y, a través de la sabiduría, ascienda hasta Él.

Esta es la ciencia de los dioses y de los hombres divinos y bienaventurados: apartarse de las cosas de este mundo, sentirse a disgusto con ellas y huir, solo, hacia el Solo.

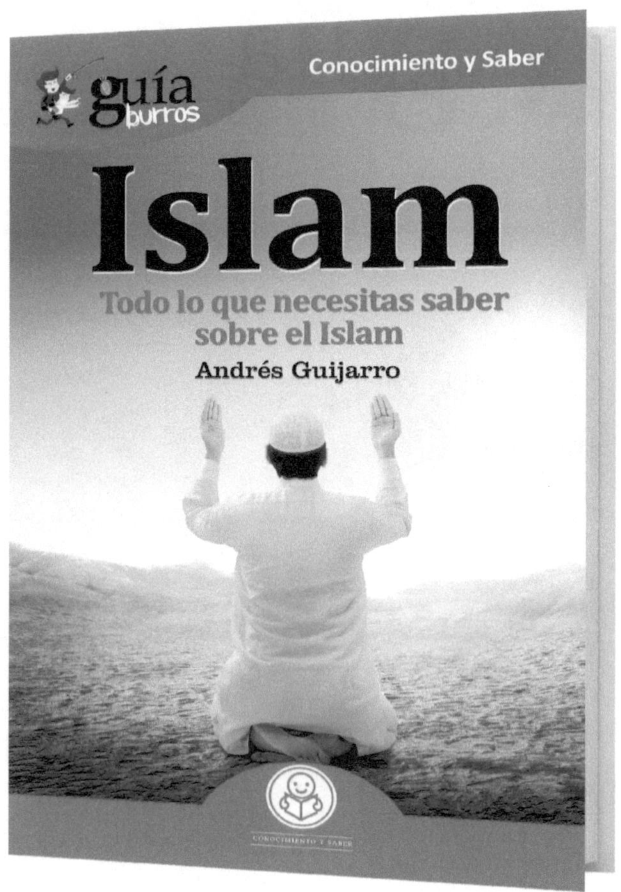

GuíaBurros Islam

Todo lo que necesitas saber sobre el Islam

+INFO

http://www. islam.guiaburros.es

¿Con qué filósofo te quedas?

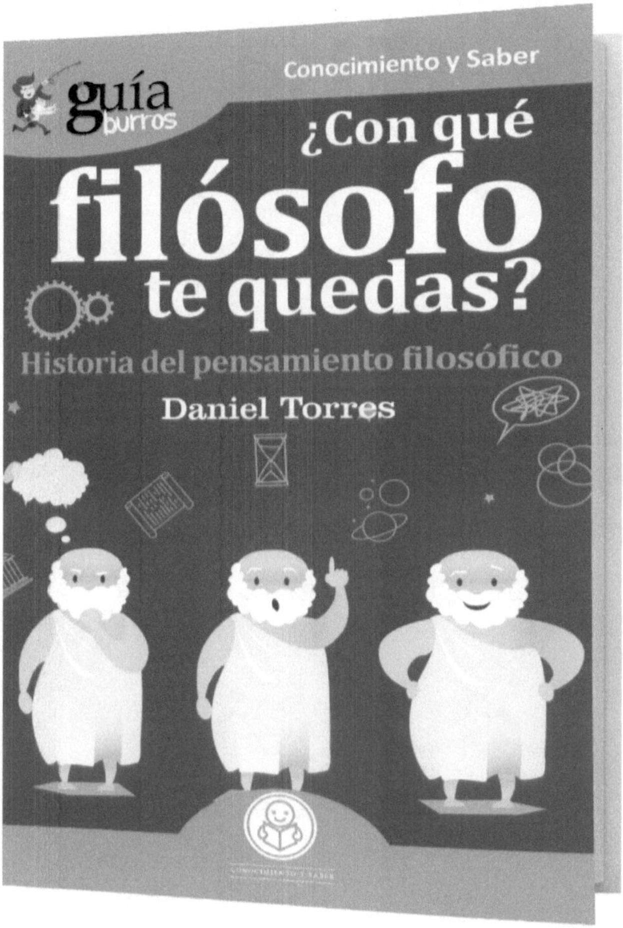

GuíaBurros ¿Con qué filósofo te quedas?

Historia del pensamiento filosófico

La sabiduría del Sufísmo

GuíaBurros La sabiduría del Sufismo
Su enseñanza espiritual

http://www.sufismo.guiaburros.es

Nuestras colecciones

Guías para todos aquellos que deseen ampliar sus conocimientos sobre asuntos específicos, grandes personajes, épocas, culturas, religiones, etc., ofreciendo al lector una amplia y rica visión de cada una de las temáticas, accesibles a todos los lectores.

Guías para gestionar con éxito un negocio, vender un producto, servicio o causa o emprender. Pautas para dirigir un equipo de trabajo, crear una campaña de marketing o ejercer un estilo adecuado de liderazgo, etc.

Guías para optimizar la tecnología, aprender a escribir un blog de calidad, sacarle el máximo partido a tu móvil. Orientaciones para un buen posicionamiento SEO, para cautivar desde Facebook, Twitter, Instagram, etc.

Guías para crecer. Cómo crear un blog de calidad, conseguir un ascenso o desarrollar tus habilidades de comunicación. Herramientas para mantenerte motivado, enseñarte a decir NO o descubrirte las claves del éxito, etc.

Guías prácticas dirigidas a la salud y el bienestar. Cómo gestionar mejor tu tiempo, aprenderás a desconectar o adelgazar comiendo en la oficina. Estrategias para mantenerte joven, ofrecer tu mejor imagen y preservar tu salud física y mental, etc.

Guías prácticas para la vida doméstica. Consejos para evitar el cyberbulling, crear un huerto urbano o gestionar tus emociones. Orientaciones para decorar reciclando, cocinar para eventos o mantener entretenido a tu hijo, etc.

Guías prácticas dirigidas a todas aquellas actividades que no son trabajo ni tareas domésticas esenciales. Juegos, viajes, en definitiva, hobbies que nos hacen disfrutar de nuestro tiempo libre.

Guías para aprender o perfeccionar nuestra técnica en deportes o actividades físicas escritas por los mejores profesionales de la forma más instructiva y sencilla posible,

Autores para la formación

Editatum y GuíaBurros te acercan a tus autores favoritos para ofrecerte el servicio de formación GuíaBurros.

Charlas, conferencias y cursos muy prácticos para eventos y formaciones de tu organización.

Autores de referencia, con buena capacidad de comunicación, sentido del humor y destreza para sorprender al auditorio con prácticos análisis, consejos y enfoques que saben imprimir en cada una de sus ponencias.

Conferencias, charlas y cursos que representan un entretenido proceso de aprendizaje vinculado a las más variadas temáticas y disciplinas, destinadas a satisfacer cualquier inquietud por aprender.

Consulta nuestra amplia propuesta en www.editatumconferencias.com y organiza eventos de interés para tus asistentes con los mejores profesionales de cada materia.

www.editatum.com